De sur a sur

Relaciones entre la poesía chilena y la española durante la segunda mitad del siglo XX

Naín Nómez/Álvaro Salvador

Iberoamericana • Vervuert • 2012

Monografía LETRAL, nº 2 financiada por el Ministerio de Innovación y Ciencia y por la Consejería de Innovación, Ciencia y Empresa de la Junta de Andalucía

Amor de Dios, 1 – E-28014 Madrid
Tel.: +34 91 429 35 22
Fax: +34 91 429 53 97
info@iberoamericanalibros.com
www.ibero-americana.net

Elisabethenstr. 3-9 – D-60594 Frankfurt am Main
Tel.: +49 69 597 46 17
Fax: +49 69 597 87 439

Depósito Legal: M-38029-2012

ISBN 978-84-8489-553-4 (Iberoamericana)
ISBN 978-3-86527-772-0 (Vervuert)

Diseño de cubierta y páginas interiores: Carlos del Castillo

The paper on which this book is printed meets the requirements of ISO 9706

Este libro está impreso íntegramente en papel ecológico sin cloro

Impreso en España por Publidisa

De sur a sur

Relaciones entre la poesía chilena y la española durante la segunda mitad del siglo XX

Naín Nómez/Álvaro Salvador

Iberoamericana • Vervuert • 2012

Índice

INTRODUCCIÓN

Este trabajo, sobre los poetas de la segunda mitad del siglo XX en Chile y en España, es un intento de aproximación a un tema mayor que incluye las relaciones de los mismos con la vanguardia en términos de ruptura o continuidad, tradición o antitradición, poesía popular, poesía social o poesía de élites. Del mismo modo, es importante relevar su carácter neovanguardista, así como sus relaciones con el proceso de la modernidad, a la que estos poetas ven fundamentalmente como una instalación depredadora del capitalismo y de la racionalidad burguesa.

Tanto la poesía española como la hispanoamericana que se desarrollan a partir de los años cincuenta, se caracterizan por una compleja gama de repertorios estéticos asimilados corrientemente con el rótulo de "neovanguardia", pero cuya producción se expande en un amplio abanico de posibilidades que incluye rasgos y características grupales e individuales de distinto tenor. De más está decir que aquí dejamos de lado el problema del valor y de la calidad poética de unos y otros. A nuestro juicio, estos poetas presentan una marca estética específica difícil de equiparar, pero nos interesan más las posiciones críticas que los poetas del momento presentan frente a la tradición anterior y que se cumple en forma parecida en ambos casos.

Los poetas de los años cincuenta en Chile y España, como ya se ha señalado en otros trabajos (Nómez 2006, Salvador 2003), al resignificar la modernidad en crisis, también establecen una relación crítica con las vanguardias, las cuales se articularon en forma contradictoria con los procesos de cambio que vivieron a comienzos del siglo XX. Su repliegue discursivo frente a los cánticos trascendentes de la vanguardia, se despliega a la vez como una intensa necesidad de comunicación con el mundo, lo que en el caso chileno se concentra en los llamados "poetas de la claridad" y en el caso español, en la poesía testimonial.

A partir de los cincuenta, hay ciertas similitudes en la intencionalidad poética de algunos autores de ambos países, como es el caso de un posvanguardismo anclado en una escritura y una temática contestataria; la presentación de un sujeto escindido entre un origen al que se busca volver (sea la infancia, sea el origen de la historia, sea el mundo rural) y un mundo urbano dentro del cual el sujeto se siente excluido y fragmentado; la construcción de un sujeto marginal, enmascarado en múltiples representaciones o disfraces; la negación crítica de la modernidad como epifanía del progreso y de la técnica y la producción de una escritura irónica, exteriorista, coloquial y muchas veces hibridada. Todo ello sin dejar de lado ciertas líneas escriturales que en ambos países mantienen lenguajes continuistas, ya sea con las vanguardias, ya sea con las descripciones naturalistas del campo o la ciudad o, ya sea, con la poesía intimista y la tradición clásica.

No obstante, hay diferencias en la manera de enfrentar la tradición literaria y cultural que tienen los poetas de ambos países, por las obvias distinciones de contexto económico, histórico, político, social y cultural, que en el caso español se complejiza en cada región; en los años sesenta se continúan las líneas principales de la década anterior, aunque los poetas se vinculan artísticamente con las diferentes promociones que les preceden. En este sentido, reciclan ciertas características comunes que provienen de la tradición, como es la reinvención de la memoria, la temática de la transitoriedad de la vida o de la búsqueda de una felicidad y un placer que se diluyen en un presente efímero; una creencia más escéptica en las utopías del futuro y una separación cada vez más creciente con respecto a los valores de la sociedad que habitan. También se establecen agrupaciones, publicaciones con planteamientos estéticos comunes y una profundización en las hablas coloquiales, el argot de la calle, los eslóganes publicitarios y los mensajes de los medios de comunicación. En los escritos más relevantes del momento, opera el autocuestionamiento del sujeto que indaga en los límites de su posibilidad de afirmación y fragmentación y que intenta representar la realidad en las antípodas de su propio decir. Este cuestionamiento que tacha al sujeto, al mismo tiempo que explora y ausculta en las profundidades de su ser, abre y cierra escenarios discursivos que se entroncan con la tradición anterior, pero que también la cuestionan de forma irreversible, cuestionamiento que se amplía a la voluntad de conocimiento que la soporta y revela. Mientras, por un lado, la poesía de este período señala una ruptura radical con las vanguardias de comienzos del siglo XX, por el otro afirma una línea de continuidad con el proceso moderno a través de representaciones que lo exaltan o critican, aunque sin dejar de auscultar la forma en que su desarrollo ha afectado la interioridad humana. En los poemas, aflora más que nunca la incomunicación y la alienación del mundo urbano, la enajenación del trabajo que se transforma también en enajenación del discurso, o el ensamblaje de la fábrica que es asimismo el ensamblaje desgarrado del lenguaje. En muchos casos, el sujeto se constituye en una especie de esquizofrénico social y su discurso se evapora en el lugar más nimio e insignificante de la sociedad. De algún modo, lo que viene después, aunque sea negado por muchos poetas, tiene su origen cultural y su base escritural en los discursos literarios de los cincuenta y los sesenta.

Capítulo I
Los años cincuenta: neovanguardismo, fragmentación y crítica de la modernidad

Los años cincuenta: orígenes

Los poetas de los cincuenta y los sesenta en España se articularon también como la "escuela de Barcelona", la "generación de Collioure", la "escuela de Cataluña" y los del "medio siglo". En definitiva, y al margen de las distintas querellas motivadas por su caracterización (García Jambrina 2000: 15-25), la conocida popularmente como "Generación del 50" comprende a los poetas que empiezan a publicar en 1952 y se sienten en general unidos por una actividad de resistencia y por el credo estético del realismo. Aunque critican la postura de los poetas del 98 y del 27, se sienten deudores de Antonio Machado, Federico García Lorca (sobre todo el de *Poeta en Nueva*

York y *Diván del Tamarit*), Jorge Guillén, Gerardo Diego, Luis Cernuda y Vicente Aleixandre. La poesía de los cincuenta es más una poesía directa y comunicativa. Varios críticos la catalogan como poesía social, aunque con matices. En la *Antología consultada de la joven poesía española*, de Francisco Ribes (1952), así como en *Veinte años de poesía española*, de José María Castellet (1960), se acentúa la representación realista y social con evidentes articulaciones históricas a partir de Miguel Hernández y Federico García Lorca, ratificación que ha provocado grandes polémicas en el ámbito nacional, al dejar fuera otras expresiones. Se indica que estos poetas si bien no abandonan totalmente el tono o la temática social, adoptan una actitud 'distanciada', más narrativa y de tono menor, con más posibilidades estéticas que el realismo que preconizaron los poetas anteriores como Gabriel Celaya, José Hierro o Blas de Otero. Pertenecen al período entre otros, Carlos Sahagún, José Ángel Valente, Ángel González, Francisco Brines, Claudio Rodríguez, José María Caballero Bonald, Jesús López Pacheco, Alfonso Costafreda, además de José Agustín Goytisolo, Carlos Barral y Jaime Gil de Biedma. Se ha señalado que los mejores exponentes de este momento de ruptura son poetas que muestran su madurez en la década siguiente, como es el caso de Ángel González, Jaime Gil de Biedma o José Ángel Valente, que son algunos de los poetas que nos interesa subrayar aquí. Como ha señalado Shirley Mangini (1977), son poetas que surgen como testigos mudos de una guerra en medio de los tratados militares de los Estados Unidos, el *boom* turístico, los capitales extranjeros y la emigración en masa de los campesinos a Europa. Tienen marcadas diferencias en su postura frente a la sociedad y el texto escrito. Discrepan de sus antecesores, más ligados a la poesía social (en esto se asimilan claramente con sus coetáneos chilenos), en al menos tres rasgos: 1.- la pérdida de fe en el valor activo de la palabra poética; 2.- el esmero expresivo y 3.- la conciencia del escenario urbano al que pertenecen, articulado con las capas medias y la burguesía.

Aunque en el tercer aspecto los poetas chilenos del período presentan una clara dicotomía (poetas urbanos versus poetas del lar), estas características en general se cumplen en ambos casos. En los poetas españoles, además, Mangini apunta a elementos específicos de la posguerra, como es el desarraigo social, la desesperanza o pérdida de las ilusiones (un poemario de José Ángel Valente de 1955 se titula *A modo de esperanza*; otro de Ángel González de 1961, *Sin esperanza, con convencimiento*), el vago sentido de culpabilidad o 'mala conciencia' y otros más generales también marcados en los poetas chilenos, como la sentimentalidad contenida, el distanciamiento irónico o la preocupación por el paso del tiempo.

En el caso de Chile, el período corresponde a la etapa de desintegración de las vanguardias (más o menos entre 1940 y 1950) como fenómeno estructural y está impregnada por la Guerra Fría y la dicotomía ideológica en lo internacional, los populismos políticos en el continente y la ruptura de una cierta estabilidad política pluralista en el país. Los consolidados discursos de la vanguardia (Vicente Huidobro, Pablo de Rokha, Pablo Neruda) más la atipicidad de Gabriela Mistral, se mantienen en forma residual apoyados por fragmentos de discursos heterogéneos de carácter parasurrealista (Enrique Gómez-Correa, Braulio Arenas, Teófilo Cid, Rosamel del Valle, Humberto Díaz-Casanueva, Omar Cáceres) y los primeros atisbos de una renovación de la poesía popular (Óscar Castro o el Nicanor Parra de *Cancionero sin nombre*). También aparece una promoción de poetas mujeres que buscan en la interioridad nuevas formas de decir, ligándose a las poetas que se iniciaron como promoción a comienzos de siglo: es el caso de Gladys Thein, Mila Oyarzún, Escilda Greve e Irma Astorga entre otras. La nueva ruptura que se inicia, releva los nombres de los poetas Nicanor Parra, Gonzalo Rojas, Enrique Lihn, Jorge Teillier, David Rosenmann Taub, Armando Rubio, Miguel Arteche, Efraín Barquero, Rolando Cárdenas y Alfonso Alcalde de manera primordial. En ellos se cumple de forma similar, aunque con ribetes diferenciados, la misma tendencia de sus coetáneos españoles: preferencia por el verso libre o tradicional, densidad de pensamiento, retorno a veces a la regularidad estrófica, dominio del oficio y rigor poético, rechazo de la imaginería excesiva de las vanguardias, articulación con las raíces hispánicas, lenguaje coloquial y directo, densidad y heterogeneidad. Uno de los inicios de la polémica de la ruptura lo marcó una antología, de 1939, de Tomás Lago, titulada *Ocho nuevos poetas chilenos*, que incluyó los nombres de Luis Oyarzún, Jorge Millas, Nicanor Parra, Óscar Castro, Alberto Baeza Flores, Omar Cerda, Victoriano Vicario y Hernán Cañas. En su prólogo, Lago desarrolla el concepto de 'poetas de la claridad', que se instalan en abierta oposición a la "Antología" que Anguita y Teitelboim publicaran en 1935 y cuyo planteamiento es contrastar la 'poesía del análisis' con una 'poesía de síntesis' y al hermetismo anterior una poesía de la luz. En esta ruptura, el adelantado es Nicanor Parra, que ya en *Cancionero sin nombre* (1937) potencia los rasgos de la antipoesía, especialmente los traspasos de la oralidad y la lírica popular, anunciando el carácter disolutorio de una modernidad que acentuaba la sacralización del autor. Frente a las vanguardias, para las cuales al menos una parte importante de la modernidad no absorbida por el mundo burgués, seguía vigente en su obsesión por lo nuevo, lo contingente y lo transitorio, y por la ruptura continua y el progreso indefinido, Parra alude a la necesidad de religar (en su antiguo sentido religioso) el arte con la vida, devolviendo al poeta moderno aquello que se propusieron Baudelaire y Rimbaud en el origen de su fractura con la realidad burguesa. Tomás Lago retomará el tema en su antología de 1942 titulada *Tres poetas chilenos*, donde además de Parra incluye a Victoriano Vicario y a Óscar Castro. En su prólogo, Lago critica el racionalismo exacerbado del poeta moderno y ratifica la crisis de la poesía, porque al recurrir sólo al intelecto, ha perdido su influencia y pide retornar al mundo terrestre:

> Se ha querido profundizar en todo, ir más allá de los límites visibles hasta el punto que, de tanto hurgar en el muro, lejos de horadarlo asomándonos a la perspectiva iluminada del mundo de los sueños, a veces parece que hemos enterrado la cabeza en la arena y sólo hemos hallado nuestro propio rostro desfigurado (...). En principio la poesía está en crisis porque ha perdido su influencia y ha perdido su influencia porque no interesa a todo el mundo... (Lago 1942: 11 y 21).

En la selección de Parra ya aparecen algunos de los poemas que serán publicados en el libro *Poemas y antipoemas* de 1954, como es el caso de "Se canta al mar" y "Hay un día feliz".

Contextos, semejanzas y diferencias

Resulta indudable que los contextos de ambos países son diferentes, al menos, y de forma evidente, porque en el caso español la ruptura de la Guerra Civil provoca un cisma cultural que los grisáceos años de la posguerra no logran sobrepasar fácilmente. Fernando de Diego *et al.* (Antología 1991: 12-13) señalan que "los poetas que empiezan su obra en los cincuenta rechazan el objetivismo conceptualista estrecho y reivindican más libertad en la exploración de la palabra poética, aunque no repudian los postulados básicos del realismo crítico". Se abandona la poesía pobre en medios expresivos o la poesía de urgencia, se vuelve a la indagación, sin anular el compromiso ético y se agranda la polémica entre "poesía de la comunicación" y "poesía del conocimiento". Por su parte, la continuidad y el desarrollo político relativos de la sociedad chilena durante la primera mitad del siglo, articulan el mundo cultural y establecen una acentuada 'tradición literaria', cuyas marcas de sistematización, influencias y traspasos centrales y residuales son evidentes en el paso del modernismo y naturalismo literarios a las vanguardias y los movimientos posvanguardistas.

Uno de los rasgos más persistentes en la irrupción de ambas concepciones poéticas es la ironía. Este rasgo ha sido marcado en diferentes trabajos monográficos, epocales y comparativos (María Nieves Alonso y Mario Rodríguez 1995; Shirley Mangini 1977; Naín Nómez 2004; Álvaro Salvador 2002, 2003; Pere Rovira 1986; José María Castellet 1961, entre otros) y es parte de la escenografía de, por lo menos, la obra de Nicanor Parra, Enrique Lihn, Gonzalo Rojas, Armando Uribe, Armando Rubio, David Rosenmann Taub, Mahfud Massís, Miguel Arteche, Irma Astorga y Alfonso Alcalde entre los chilenos. En el caso de la poesía española, confrontamos el rasgo irónico por lo menos en Jaime Gil de Biedma, José Ángel Valente, José Agustín Goytisolo, Ángel González, Fernando Quiñones o Francisco Brines. Otro elemento que se puede rastrear en común es el retorno al lenguaje directo, coloquial, casi narrativo, ligado en lo temático a la desacralización del poeta y a la crítica de la urbe moderna (marcado por casi todos los críticos de ambos lados). Este rasgo se puede percibir en los textos de los chilenos Parra, Lihn, Rojas, Arteche, Teillier, Astorga, Alcalde, Massís, Uribe, Rubio, Guillermo Trejo y Delia Domínguez entre otros. En el caso español, y muy ligada a la llamada 'poesía de la experiencia', aparece en casi todos los poetas anteriormente citados.

Un tercer elemento en común tiene que ver con la reflexión poética o la autorreflexión. Rodríguez y Alonso (1995) han establecido una serie de similitudes entre Enrique Lihn y Jaime Gil de Biedma, a partir de este proceso de auscultarse uno mismo, de interrogación por el lenguaje y de volverse hacia las formas de producción del texto, señalando otras semejanzas referidas a la escritura como sobrevivencia y a la preocupación profunda por el problema del tiempo. Varios de los poetas antes mencionados se reconocen en esta reflexión hacia el fondo de sí mismo que se reproduce en un sujeto fragmentado, marginal, lastimoso o provisto de una diversidad de máscaras, que lo dejan sin verdades monumentales ni territorios de conocimiento exhaustivo.

Claro está que estas semejanzas no impiden reconocer algunas diferencias que en el terreno del análisis más profundo pueden a veces llegar a ser fundamentales. Si tomamos como punto de partida de la ruptura poética chilena, el "Cancionero" parriano de 1937, nos daremos cuenta de que el metro, las elipsis, las repeticiones, los estribillos y las rimas se entroncan con el cancionero de García Lorca, dejado de lado en la tradición posterior más fundamental de España, pero también incorpora la poesía popular y oral del mundo rural con ciertos ribetes vanguardistas del surrealismo urbano y un temple irónico nuevo. La variedad de las fuentes de este primer libro de Parra, es la que va a desatar la poesía posterior, con su amplitud de registros, que comprende lo urbano y lo rural, la tradición métrica y el verso libre, la intertextualidad de la tradición culta y los lugares comunes, el juego interdisplinario y la disolución del sujeto moderno. Al reescribir la oralidad con desenfado e ironía, Parra renueva la tradición poética nacional de su época, retoma la poesía de comienzos del siglo XX en su vertiente campesina y popular (Carlos Pezoa Véliz, Jorge González Bastías o Carlos Préndez Saldías, por nombrar algunos) y se liga con Óscar Castro, a quien, no obstante, supera. De acuerdo a lo que señala Jean-Francois Lyotard (1987) habría dos tipos de "progreso" en el saber (nosotros hablaríamos de cambio en el campo estético): uno corresponde a una nueva jugada en el marco de las reglas establecidas y el otro, a la proposición de nuevas reglas. Lyotard, lo explicita del siguiente modo:

> De ahí también la diferencia entre dos tipos de "progreso" en el saber: uno correspondiente a una nueva jugada (nueva argumentación) en el marco de reglas establecidas,

> otro a la investigación de nuevas reglas y, por lo tanto a un cambio de juego.
>
> A esta nueva disposición corresponde, evidentemente, un desplazamiento de la idea de la razón (Lyotard 1987: 82).

En el primer caso, si aplicamos estos planteamientos al campo del arte, podemos situar la obra de Gonzalo Rojas, poeta que profundiza en la estética de las vanguardias (reglas establecidas), pero realiza una nueva jugada al mezclarla con una narratividad oral que linda con lo lúdico y lo erótico. En el segundo, está la "antipoesía" de Nicanor Parra, quien propone nuevas reglas y cambia por lo tanto el juego mismo de la tradición literaria anterior. Parra articula una resignificación de la tradición poética (con compañeros de ruta como Robert Lowell, Ernesto Cardenal, Efraín Huerta y otros, pero en un tono menor y menos rupturista) que logra integrar el pasado y el futuro, la rima con la antirrima, la nostalgia sarcástica por un mundo idílico desaparecido con la visión de un personaje urbano que enuncia su postura desde un sitio marginal a los presupuestos del mundo moderno. El antipoeta se convierte en el gozne medular y rizomático de las dos posturas fundamentales de la poesía chilena que se desenvuelve desde los cincuenta en adelante: la del poeta que critica la urbe moderna desde un sitial marginal y degradado (en esta posición se alinean Enrique Lihn, Alfonso Alcalde, Gonzalo Rojas, Armando Uribe, Estela Díaz Varín, Irma Astorga y Guillermo Trejo) y la del poeta que se hace cargo del mito del origen perdido a partir de la imposibilidad del retorno (podemos citar aquí a Jorge Teillier, Efraín Barquero, Armando Rubio, Miguel Arteche, Delia Domínguez y Rolando Cárdenas). Esta última postura de una ruralidad trascendente que transforma la visión idílica y descriptiva de los poetas de comienzos del siglo XX en imagen soñada pero espuria (Teillier) o en epifanía ancestral pero instantánea (Barquero), no existe en la poesía coetánea española. En los poetas españoles, el repliegue afectivo se enraíza en los juegos de la ironía y el metalenguaje (Gil de Biedma o González), en la visión desgarrada de la historia (Gil de Biedma), en la crítica del mundo urbano o en la satirización de una realidad social degradada (Goytisolo). En Chile, desde Teillier, el repliegue es hacia una interioridad que bucea en la aldea mítica desplegada en la memoria, pero siempre desarraigada de su origen: esa "llave que se nos ha dado para unir la memoria en el olvido" ("Mi amor por ti") , "escuchando a lo lejos un leve deslizarse de remos en el agua" ("Bajo el cielo nacido tras la lluvia") o, en definitiva, "la memoria, esa lechuza ciega huyendo a refugiarse en un árbol hueco" ("Crónica del forastero"). Como en Efraín Barquero, donde la naturaleza es recuperada para dar lugar a una recreación de lo ancestral simbolizado en el agua, el pan, la piedra, la tierra. Tema éste que en sus últimos libros (*La mesa de la tierra*, 1998; *El poema en el poema*, 2004 y *Pacto de sangre*, 2009), retorna con una rigurosidad extrema para invocar la pérdida de los vínculos humanos más espontáneos y naturales: el amor, la solidaridad, el trabajo creador, la comunión con el entorno. Como se señala en *El poema en el poema*, se busca que la poesía vuelva a ser "un gran fuego que arde... porque... es como aguardar la compañía de los otros... buscando en la oscuridad el único hilo sin nudos" (Barquero 2004: 81). Es también la búsqueda que invocaba Rolando Cárdenas, poeta prontamente desaparecido, quien desde su primer libro, *Tránsito breve*, se vincula al lar imaginado y real, sin lograr aprehenderlo más que por medio de un "tránsito breve", que nos deja como único recuerdo el olvido, la tristeza y la soledad. Uno de los logros de este poeta es que consiguió integrar esta visión de pérdida ancestral con la muerte de las comunidades indígenas del extremo sur del país, como lo indica su poema "Fueguinos" (Cárdenas 2001: 74):

> Ellos sabían abrigarse
> haciendo arder leños enteros.

Permanecían a su lado como si tuvieran sueño,
porque era hermosos ver arder un árbol inmenso,
retorciéndose, rojo, en medio del viento y de la noche.

Una aproximación interpretativa

En la parte final de este esbozo comparativo nos concentramos en algunos de los poetas mencionados: Nicanor Parra (1914), Gonzalo Rojas (1917) y Enrique Lihn (1929), de Chile, y Jaime Gil de Biedma (1929), Ángel González (1925), José Ángel Valente (1929) y José Agustín Goytisolo (1928), de España. Empecemos señalando que es difícil agregar algo a la enorme bibliografía que existe sobre Nicanor Parra y la antipoesía. Basta aquí con remitirse al *Ciclo Homenaje en torno a la figura y obra de Nicanor Parra* (Ministerio de Educación 2002) y a algunas críticas relevantes como las de Federico Schopf, María Nieves Alonso, Mario Rodríguez, Iván Carrasco, René de Costa, Hugo Montes, Cedomil Goic, Niall Binns o Álvaro Salvador, entre otros. Lo central es el hecho de que el antipoema se basa en la reescritura de las tradiciones poéticas que le anteceden. Esta reescritura es falsa o aparente, inversa o deformada, satírica, referencial y/o disyuntiva. Hay, por lo tanto, como ha señalado Carrasco (1990), una aceptación aparente de estereotipos y modelos establecidos y una transformación satírica de ellos, para desmitificar la realidad que evocan. Por medio de este artilugio, Parra amplia el espectro de sus referentes para descodificar una gran variedad de discursos canónigos (históricos, filosóficos, religiosos, económicos, políticos y por supuesto, literarios), estableciendo una polisemia interdiscursiva que muestra en el texto antipoético una amplia visión de la cultura, pero también crítica de la historia. Para ejercer esta crítica, Parra parafrasea las formas discursivas emblemáticas: el autorretrato, el epitafio, el manifiesto, el discurso público, el sermón, etc. Si bien los poetas españoles citados anteriormente no llegan tan lejos, van a ejercer también una crítica mordaz e irónica sobre los presupuestos retóricos de los poetas anteriores, especialmente aquellos que se volcaron en el compromiso social.

Tal vez el centro de la ligazón de poetas como Gil de Biedma, Goytisolo, Valente o González con la propuesta parriana esté en el uso de la ironía. Esta ironía se propone, como en Parra, desmantelar el papel de tribuno del poeta, ya no más voz de la tribu ni vate tonante, sino un ser humano que realiza "el juego de hacer versos", como indica Gil de Biedma, quien también hace referencias burlonas al arte como juego, placer y vicio solitario, con lo que expresa un sentimiento de inutilidad de la literatura, "ejercicio de la futilidad". En donde se produce la separación con el antipoeta, que lleva su deconstrucción hasta las últimas consecuencias ("la poesía morirá si no se la ofende/ hay que poseerla y humillarla en público/ después se verá lo que se hace"), es en que Gil de Biedma no descree de la seriedad del oficio. Para él, en la poesía debe primar la presencia del pensamiento, del rigor formal, la depuración del sentimiento y el abandono de la creatividad pura. Esta "seriedad del oficio" se une con fuerza al desarrollo de una crítica política y social a veces soterrada, pero siempre certera y a un sentimiento de dolor y tristeza que impregna toda su poesía, sentimiento relacionado con el paso del tiempo y la transitoriedad de la vida: "Es sin duda el momento de pensar/ que el hecho de estar vivo exige algo,/ acaso heroicidades –o basta, simplemente, alguna humilde cosa común" ("Arte poética"); "Por lo visto es posible declararse hombre./ Por lo visto es posible decir no./ De una vez y en la calle, de una vez, por todos/ y por todas las veces en que no pudimos" ("Por lo visto"); "Volver, pasados los años,/ hacia la felicidad/ –para verse y recordar/ que yo también he cambiado" ("Volver"). En las comparaciones que Mario Rodríguez y María Nieves Alonso hacen entre Jaime Gil de Biedma y Enrique Lihn, afirman que una de las relaciones que se dan entre ambos poetas es el respeto que los creadores más jóvenes tienen por ellos, así como el hecho de que ambos hacen una profunda reflexión sobre la crítica literaria y el papel del poeta en la sociedad postindustrial. Agregan que "ambos tienen una concepción similar de la escritura como sobrevida y una preocupación profunda por la temporalidad, son poetas que interrogan la palabra y los procesos de producción del texto, desarrollando una intensa autorreflexibilidad y escribiendo una poesía 'situada' en la cual los entornos discursivos y biográficos son insoslayables" (Alonso y Rodríguez 1995: 59). Además indican que comparten una percepción del sujeto de la escritura como figura impersonal y desacralizan la idea de que la literatura puede cambiar el mundo. Aunque los opone el lugar que ocupan en la cultura de sus respectivos países (más central en Gil de Biedma, más precaria en Lihn), ambos tienen una concepción del sujeto y del poema muy parecida, pero el español se detiene justo donde el chileno se lanza al vacío. Es en el tema del tratamiento del tiempo donde las articulaciones, sin ser similares, se hacen más contiguas. Mientras Gil de Biedma expresará que "Desde este instante, ahondo/ sueños en la memoria: se estremece/ la eternidad del tiempo allá en el fondo./ Y de repente un remolino crece/ que me arrastra sorbido hacia un transfondo/ de sima, donde va, precipitado,/ para siempre sumiéndose el pasado" ("Recuerda"), haciendo hincapié en el horror de un tiempo que no se detiene y que hace de todo presente algo inseguro e inestable; la poesía de Enrique Lihn se hundirá en el vacío de un tiempo siempre tragándose a sí mismo, un túnel que oculta el único absoluto, el de la muerte: "porque de tanto verme en este espejo roto/ he perdido el sentido de mi rostro... y soy mi propia ausencia frente a un espejo roto" ("La vejez de Narciso"). Lo mismo ocurre en el poema "Monólogo del viejo con la muerte", donde la ironía apostrófica del sujeto frente a una vida frustrada da cuenta también de una temporalidad inevitable: "Basta, basta, tranquilo, aquí tiene su muerte" y porque, como señala en otro sitio, "no hay Narciso que valga ni pasión de mirarse en el otro a sí mismo" ("No hay Narciso que valga"). Pero el problema de la temporalidad tiene otra bifurcación en Jaime Gil de Biedma, que lo acerca más a la poesía de Gonzalo Rojas que a la de Lihn. Se trata de la lucha contra el deterioro del tiempo a partir de la plenitud corporal temporal y transitoria, pero que busca su plenitud en el instante. A juicio de Alonso y Rodríguez, "el poeta español puede consagrar el instante porque la imagen del cuerpo irradia siempre por encima, o debajo, del deterioro de los años" (Alonso y Rodríguez 1995: 78). En su producción, el cuerpo es erotismo, placer y sexualidad: "Sobre su piel borrosa,/ cuando más años y al final estemos,/ quiero aplastar los labios invocando/ la imagen de su cuerpo" ("Pandémica y Celeste"); y en otro poema: "Al ir a separarme,/ todavía atontado de saliva y arena,/ después de revolcarnos los dos medio vestidos, felices como bestias" ("Peeping Tom"). Como agregan los mismos autores, Gil de Biedma opone a los estragos de la temporalidad la consagración del instante, a partir del deseo del cuerpo y el principio del placer. Con respecto a Gonzalo Rojas, como he señalado en otra parte, "el amor quema y mata destruyendo a los amantes en un acto que se vuelve a generar perpetuamente, porque 'todo es en el relámpago y ardemos sin parar desde el principio/ en el hartazgo'..., el amor también rehace el camino hacia el origen y restablece la continuidad en el nuevo ser que se genera entre el uno y el dos" (Giordano 1987: 135-141). Aunque Rojas exorciza también el tiempo a partir de la conjunción de los cuerpos en el instante amoroso, hay en él, como señala Jacobo Sefamí (1992), dos visiones sobre el amor: una del amor sacralizado como sed del absoluto y la otra vinculada al goce sensual y erótico del cuerpo, relámpago o fuego que corre en la sangre y produce la integración en un instante. A veces ambas visiones se confunden como una pregunta que busca la integración y no puede resolverla, como en "¿Qué se ama cuando se ama?", "Las hermosas" o

"Cítara mía", poema este último del cual citamos unos versos a modo de ejemplo:

> Dame otra vez tu cuerpo, tus racimos oscuros para que de ellos mane
> la luz, deja que muerda tus estrellas, tus nubes olorosas,
> único cielo que conozco, permíteme
> recorrerte y tocarte como un nuevo David toca las cuerdas,
> para que el mismo Dios vaya con mi semilla
> como un latido múltiple por tus venas preciosas
> y te estalle en los pechos de mármol y destruya
> tu armónica cintura, mi cítara, y te baje a la belleza
> de la vida mortal.

Los otros poetas españoles que hemos mencionado, de algún modo también dialogan con los poetas chilenos. En otro trabajo hemos señalado que la escritura parriana se realiza en contra de lo que se podría entender como "norma poética hegemónica". Para explicitarlo, citábamos al propio Parra en una carta dirigida a Tomás Lago en 1949: "La generación anterior a nosotros no hizo otra cosa que terminar con el argumento convencional en la poesía, con la anécdota, sin preocuparse de revisar los principios mismos de la ciencia poética... La solemnidad y la gravedad dogmática del arte del siglo XIX siguió viva en ellos a pesar de las enseñanzas de Picasso y de Dalí" (Salvador 1992: 613). Allí poníamos en sintonía a Parra con otros poetas, entre los que citábamos a Jaime Gil de Biedma, para mostrar sus ligazones con la cultura anglosajona, focalizada en algunos de sus poetas hacia el hombre común, el 'habla' de los lectores, lo conversacional. En otro texto, indicábamos también que "la tradición anglosajona, incluidos los "católicos modernos" como Eliot, es asumida completamente por Gil de Biedma, desde su misma extracción de clase... Desde este punto de vista puede explicarse el 'desmarque' que la poesía testimonial de Gil de Biedma experimenta en relación con la llamada 'poesía social' de posguerra, llena de contenidos espiritualistas desde Blas de Otero al mismísimo Vicente Aleixandre" (*Las rosas artificiales* 2003: 249). En este sentido, reafirmábamos dos aspectos que rigen la poesía de Parra y se extienden a una vasta gama de la poesía de los cincuenta: el interés por rehumanizar los discursos, es decir, romper la distancia entre el arte y la calle y el interés por la recuperación de ciertos valores 'subversivos', que se identifican con la utopía de cambiar la vida. Estos aspectos están presentes también en Gonzalo Rojas y Enrique Lihn, pero además encuentran eco en los poemas de Goytisolo, Valente y González. Empecemos por Jaime Gil de Biedma:

> Por lo visto es posible declararse hombre.
> Por lo visto es posible decir no.
> De una vez y en la calle, de una vez, por todos
> y por todas las veces en que no pudimos...
> y será preciso no olvidar la lección:
> saber, a cada instante, que en el gesto que hacemos
> hay un arma escondida, saber que estamos vivos
> aún. Y que la vida
> todavía es posible, por lo visto
> ("Por lo visto").

Aquí percibimos ironía, desengaño, escepticismo, pero también intimidad y esperanza, cosa que no concierne al antipoema parriano. Lo que rige la estética de Gil de Biedma es un proyecto moral que implica no sólo la 'invención de una identidad', sino también que esa identidad logre la reconciliación del poeta consigo mismo. Esta salida que, en general, tienen los poetas españoles del período, los diferencia de un Parra y un Lihn y revela la ligazón que ellos tienen con una circunstancia histórica y una situación cultural diferente: la guerra, la posguerra, la experiencia de un mundo que cambia, la tradición poética coartada y reprimida.

Es el caso de Ángel González, quien en el prólogo de la edición de sus *Poemas* (1980) desbroza sus distintas etapas, marcando algunos de los rasgos anteriormente señalados. Dice el poeta que

> La postguerra fue el escenario de mi adolescencia y mi juventud. Vivir todos esos hechos en el seno de una familia politizada, y desde el lado de los que perdieron todas las batallas, determina ciertas actitudes ante la vida (y por lo tanto frente al arte)... cuando comencé a leer y en consecuencia a escribir, lo hice desde el convencimiento de que poesía y vida eran dos cosas diferentes, incomunicadas... Pasado algún tiempo, comencé a pensar que poesía y vida no eran necesariamente entidades incomunicables, que la palabra poética no tenía por qué referirse tan sólo a la irrealidad... El uso de la ironía fue, en principio, otro imperativo de la situación... el procedimiento resultaba doblemente útil: permitía burlar las normas vigentes en materia de censura y era de una gran eficacia crítica... Desde entonces, la ironía pasó a ser uno de los más constantes componentes de mi poesía. (Por último) el tema del paso de tiempo y la expresión del sentimiento erótico amoroso ocupan más espacio que los poemas que pueden caer dentro de la vertiente crítico-social (González 1980: 13-24).

Es el propio González quien se refiere a las conexiones con sus compañeros de ruta y a las probables imbricaciones con los poetas chilenos en términos de la relación vida-arte y el uso de la ironía (Parra), el tema del paso del tiempo (Lihn) y la vertiente erótico-amorosa (Rojas). Un ejemplo de la relación arte-vida:

> Escribir un poema: marcar la piel del agua.
> Suavemente, los signos
> se deforman, se agrandan,

expresan lo que quieren
la brisa, el sol, las nubes,
se distienden, se tensan, hasta
que el hombre que los mira
–adormecido el viento,
la luz alta–
o ve su propio rostro
o –transparencia pura, hondo
fracaso– no ve nada
("Poética a la que intento a veces aplicarme").

En relación con el paso del tiempo, puede leerse el poema "Ayer": "Ayer fue miércoles toda la mañana./ Por la tarde cambió:/ se puso casi lunes" o bien "Responsable la tarde que no acaba,/ el tedio de este día,/ la indeformable estolidez del tiempo" ("Contra-orden poética"). Luis García Montero (*Litoral* 2003: 230-239) indica también que un aspecto crucial en la obra de Ángel González es la valoración constructiva del mundo, un vitalismo sistemático que opera en la naturaleza, en los seres humanos, la literatura y la realidad que avanza aunque sea lentamente como un fluir positivo. Este rasgo también lo diferencia de los poetas chilenos coetáneos, con la excepción probable de Gonzalo Rojas, con quien lo une un vitalismo existencial y erótico, pero siempre retenido y mediatizado: "Alga quisiera ser, alga enredada,/ en lo más suave de tu pantorrilla./ Soplo de brisa contra tu mejilla. Arena leve bajo tu pisada" ("Alga quisiera ser, alga enredada"); también en "Milagro de la luz": "Una sombra más leve y más sencilla,/ que nace de tus piernas, se adelanta/ para anunciar el último, el más puro/ milagro de la luz: tú contra el alba".

Por último, en cuanto a la obra de José Ángel Valente y José Agustín Goytisolo, más tangenciales en esta comparación, no dejan de asimilarse a la de sus coetáneos a través de rasgos irónicos, elementos coloquiales y la relación vida-poesía. Goytisolo más cercano al lenguaje común y a una fijación con la Guerra Civil que se transforma en una obsesión crítica, incluso frente a los seres amados, que se convierten en parte de la conciencia colectiva: "Ni a ti ni a mí nos consultaron/ ante de todo. Me mirabas./ En tus ojos había una pregunta/ atravesándome,/ una pregunta dirigida al fondo/ de la cuestión, más allá de mis huesos". Goytisolo bucea en la memoria para dar a conocer la hecatombe y para vituperar esa clase banal que surgió enriquecida de la guerra, sin dejar de lado la sátira y la ironía: "Avanzan los amantes, mientras los familiares voltean, y el tumulto/ de los curiosos, y las flores, y todo/ está pagado, y ella puso el armario/ y la vitrina, y él luce buen talante,/ papel seguro, inteligencia activa" ("Idilio y marcha nupcial"). Esta reafirmación de la historia que liga el oficio del poeta con la colectividad se afianza en el texto "El oficio del poeta": "Así es el viejo oficio/ del poeta, que comienza/ en la idea, en el soplo/ sobre el polvo infinito/ de la memoria, sobre/ la experiencia vivida,/ la historia, los deseos,/ las pasiones del hombre". En cambio, José Ángel Valente, más incisivo, más personal, se concentra en una palabra que parece incapaz de dar cuenta de una realidad huidiza y parece refugiarse en una trascendencia que lo enfrenta dignamente a la inevitable muerte. En eso lo sentimos más cercano a un Armando Uribe, con sus sarcasmos, sus textos sintéticos, su verso afilado y austero, su crítica esencial frente a la vida y la realidad. Dice el español: "Con los ojos abiertos/ como un muerto,/ ciegos y abiertos,/ te señalo./ Dime/ quién eres,/ desde cuándo/ existes,/ por qué te niego/ y creo.../ Descubre el brazo/ que me hiere. Ten/ misericordia" ("Misericordia"). O en un poema, tan cercano a Uribe, titulado "Odio y amo": "Aquí odio mi vida, sin embargo./ Odio cuando levanta al aire/ una frente o un pétalo. / Cuanto he besado, cuanto/ he querido besar y ha sido/ materia o voz de mi deseo. Odio/ y amo (Amo/ con demasiado amor)". Aunque tal vez el chileno va un paso más allá cuando dice en *A peor vida* (Uribe 2000: 137):

Que me rebanen el gargüero,
que me estrangulen, que me ahorquen
o que me guillotinen; pero
que ya no pierda la cabeza porque
muero de amor por lo que ya no quiero.

Conclusiones muy parciales

En esta rápida mirada a algunos poetas de los años cincuenta en Chile y España, hemos querido mostrar algunos rasgos de similitud que en ambos casos los enfrentan con la tradición poética anterior, especialmente con los supuestos totalizadores de la vanguardia y su intencionalidad universalista, política, representativa de la sociedad y del compromiso social. Los poetas más arriba mencionados se plantean más bien a partir de un distanciamiento del papel comprometido de la literatura y de la representatividad social del escritor, retoman la interioridad, la ironización sobre el mundo con un lenguaje directo, coloquial, ligado al ser humano común del cual toman su lenguaje a veces muy cercano al diálogo oral y el argot de la calle. Esta crítica a la retórica de las vanguardias también se traduce en un buceo en la interioridad, que en algunos se hace en forma directa y sincera y en otros de manera oblicua e irónica, con la adopción de una serie de máscaras que fragmentan la subjetividad al infinito. Temas recurrentes en ellos son la reinvención de la memoria, la transitoriedad de la vida, la búsqueda de la felicidad y el placer en un presente efímero, la creencia más escéptica en las utopías del futuro y una separación cada vez mayor de los valores de la sociedad en que habitan.

Aunque situada en contextos nacionales diferentes, la poesía de los cincuenta en Chile y España tiene rasgos comunes, ligados fundamentalmente a una ruptura con sus antecesores vanguardistas en términos contextuales, temáticos, biográficos y estéticos. Sus búsquedas poéticas se plantean nuevos paradigmas que ponen en cuestión al sujeto totalizador de la modernidad con su saber y su acción sobre el mundo y en sus poemas se pone en cuestión una realidad cada vez más fragmentada, desmemoriada y diversa. Sus textos plantean entre otras dudas, la de la continuidad del proceso de la modernidad y la necesidad de establecer la disolución del sujeto central de la historia moderna como un rasgo permanente de la realidad actual.

Capítulo II
Poesía de la experiencia y poesía neovanguardista (1970-1980)

Contextos y escrituras: un panorama general

Resulta innegable que en los años setenta y ochenta, la cultura en general y las producciones literarias en particular, se abren a nuevos paradigmas, que tienen como centro la expansión del mercado a niveles globales, la ampliación de las actividades económicas, políticas y culturales a lugares remotos, la dimensión de intensificación de los niveles de interacción e interconexión entre los Estados y naciones y el reordenamiento del tiempo y el espacio en la vida social, todo ello conectado al desarrollo globalizado de las comunicaciones y las tecnologías. Estos elementos claramente asimiladores, se articulan a los planteamientos de una modernidad que se resignifica permanentemente bajo diferentes formas en distintos espacios y tiempos y que en el ámbito intelectual da origen a concepciones acuñadas bajo los nombres de posvanguardia (que ya existía desde fines de los años cincuenta en España a través del movimiento "postista") y posmodernidad.

Por el hecho de que la literatura y especialmente la poesía, como producción primaria y como excedente que genera un discurso crítico, se inserta en estos nuevos parámetros de medición y representación, resulta importante comparar la poesía chilena y la poesía española que se produce en este periodo. En una situación global crecientemente integradora desde las perspectivas económicas y culturales, las culturas locales producen y reproducen similitudes y diferencias, que en este caso tienen otro elemento en común, que es la lengua, y una historia cercana, con sus encuentros y desencuentros. Aquí se busca establecer el proceso poético de estos años, por un lado, como una continuidad del análisis anterior, pero también como una ruptura en función de las nuevas formas comunicativas, sociales, políticas, económicas y culturales, que rompen con las maneras de ver y reflexionar la realidad. Desde luego que el desarrollo de los procesos políticos y sociales locales tendrá una repercusión central en la presentación de los diferentes discursos que se superponen o desfasan en función de su propia experiencia concreta. Debido a la dificultad de emprender un estudio tan amplio, se toma como corpus un número reducido de poetas, de tal modo que se pueda comparar de manera significativa la genealogía de los procesos en forma coetánea.

En España, la publicación de tres antologías poéticas de "lanzamiento" en los años 1970 y 1971, que son *Nueve novísimos poetas españoles* de José María Castellet, *Nueva poesía española* de Enrique Martín Pardo y *Espejo del amor y de la muerte* de Antonio Prieto, sirvió para presentar como un grupo más o menos unitario y con carácter generacional a una serie de poetas que habían sido considerados hasta entonces exclusivamente como individualidades. Entre ellos, Pere Gimferrer, Guillermo Carnero, Manuel Vázquez Montalbán, José María Álvarez, Félix de Azúa, Leopoldo María Panero, Ana María Moix o Luis Antonio de Villena, entre otros. Este grupo se instituye como dominante con sus presupuestos teóricos basados fundamentalmente en un culturalismo que intenta recuperar una "poesía del lenguaje" frente a lo que había sido la poesía más o menos social de las promociones anteriores, la recuperación de cierto formalismo neovanguardista y la incorporación de elementos nuevos como la cultura de los llamados *mass media* (cine, televisión, música pop, canción popular española, etc.). No obstante, el predominio de esta estética dominante no pudo ocultar entonces (aunque sí los ha ensombrecido más tarde para la cabal historia de la poesía española del siglo XX y su canonización) otras líneas estéticas que se movían en aquellos años con mucha fuerza, sobre todo en los ambientes universitarios. Líneas que, aunque participaban de la renovación que los novísimos habían emprendido y de sus distintos aportes culturales, no abandonaron el carácter de crítica social y subversión formal que había sido dominante en promociones anteriores, sobre todo en la de los sesenta. Poetas como Félix Grande, que obtiene en 1968 el premio Casa de las Américas de Cuba con su libro *Blanco Spirituals*, y distintos grupos y revistas de provincias como *Claraboya* de León, *Marejada* de Cádiz, *Jugar con Fuego* de Oviedo, *Poesía 70* y *Tragaluz* de Granada, *Antorcha de Paja* de Córdoba, etc., marcan y cultivan una línea mucho más comprometida con la situación político-social del momento. La estética dominante culturalista comienza a entrar en crisis ya con la muerte del general Francisco Franco en 1975 y, cuatro años más tarde, esta crisis se evidencia ya de modo definitivo. El cambio de sensibilidad poética es consecuencia directa del cambio social y político que acontece en esos años, con la desaparición de la dictadura y el tránsito a la democracia. El año 1977 es el de las primeras elecciones democráticas en más de cuarenta años, pero también el de una renovación general en la que los nacidos entre 1939 y 1953 pasan a ser generación "ascendente" y dan paso a otra nueva con la que tendrán que convivir a partir de entonces. Simbólicamente, 1977 es también el año de la recuperación definitiva de un poeta tan trascendente para la poesía posterior como Luis Cernuda.

Si desde el punto de vista literario podemos apreciar ciertas similitudes en los procesos que se viven en ambos países, ocurre algo inverso desde el punto de vista político y social, ya que, en Chile, 1973 es el año en que se inicia la dictadura militar encabezada por Augusto Pinochet. Por otro lado, 1977 también es un año importante para la cultura chilena, porque después de cuatro años de dictadura aparecen las primeras publicaciones poéticas de ruptura con las estéticas tradicionales y se inicia el fin del llamado "apagón cultural", fenómeno sobre el que ahondaremos después.

La poesía antes del golpe militar en Chile, y especialmente entre 1970 y 1973, se proyecta como una matriz cultural en cuyo vértice coexisten distintas promociones que van desde los poetas mayores (especialmente Pablo Neruda, Humberto Díaz Casanueva y otros vanguardistas), los poetas de los cincuenta (especialmente Nicanor Parra, Gonzalo Rojas, Enrique Lihn, Jorge Teillier, Efraín Barquero y Armando Uribe), hasta los poetas de los sesenta que emergen en ese momento (entre los más importantes, Óscar Hahn, Manuel Silva Acevedo, Gonzalo Millán o Cecilia Vicuña). En casi todos ellos predomina el discurso social, aunque ya en los cincuenta se produce un vuelco hacia una poesía más directa, coloquial y narrativa, ligada como en el caso de España a una visión más culturalista. En 1973, se publican tres poemarios que dan cuenta de la diversidad de las expresiones culturales del momento: *La fundación de las aguas* de Pablo Guíñez, *El cansador intrabajable* de Claudio Bertoni y *Sabor a mí* de Cecilia Vicuña, estos dos últimos miembros de la llamada "Tribu No", practicantes de una poesía desprejuiciada y deudora de las premisas libertarias de los sesenta. En el caso de Guíñez, existe una continuidad con la poesía lárica (poesía del Lar, del hogar, del origen, de la frontera: nostalgia por el paraíso perdido de la infancia y de las zonas rurales del sur) de Teillier y Barquero, incluyendo un rescate del versículo, del refrán y de la nostalgia por un mundo rural desaparecido. En ellos, así como en la antología *Poesía joven de Chile*, editada por Jaime Quezada en el mismo año, predomina el tono coloquial, el poema corto e irónico y, más tangencialmente, la visión lárica, deudora de los poetas de los cincuenta, aunque también se percibe como en sus pares españoles un retorno al discurso y a la autocrítica del sujeto.

El llamado "culturalismo" en la poesía española, así como la mezcla con la poesía social, es una matriz que también se releva en la poesía chilena anterior al golpe, aunque con sus especificidades y concreciones propias del contexto. Hay poetas que ya en los sesenta dejan entrever los márgenes de un mundo que se desmorona, especialmente en el ámbito urbano, e incluso poetas de los cincuenta como Lihn y Uribe entronizan los márgenes de la ciudad y la degradación del sujeto urbano. De los sesenta, un poeta como Manuel Silva Acevedo, por ejemplo, desde *Perturbaciones* (1967), venía cavando en los vacíos del mundo desencantado que se proyectaría después. El poeta recoge la calle marginal, los retazos de la comunicación, las máscaras de sujetos fragmentados, que como señala Grínor Rojo (1993), representan una resignación destructora que conduce al autoescarnio y a una conversión desganada que se repite detrás de las máscaras. Mario Rodríguez Fernández ha visto también en Omar Lara una segregación del mundo lárico a través de la imagen del poeta caído en tierra. En Lara, el sujeto se refugia en una madriguera para continuar empollando en la oscuridad, ya que se "visualiza lo externo como un espacio abominable en su doble sentido: histórico e existencial" (Rodríguez Fernández 1992: 152). En otros poetas, como Waldo Rojas y Gonzalo Millán, también imperan las imágenes del cielo vacío, el pájaro en tierra o el muñeco podrido en el jardín. La Escuela de Santiago (Jorge Etcheverry, Naín Nómez, Carlos Sarabia y Eric Martínez), así como el grupo Amereida de Valparaíso, por su parte, desarrollaron una poesía más marginal, pero que también ponía como centro una ciudad apocalíptica, en donde el sujeto se convierte en una especie de sombra insomne.

Hay, por lo tanto, una línea de continuidad en la producción poética chilena con respecto a la tradición, que sólo se transforma en el proceso de los primeros años de la dictadura, cuando el reordenamiento de la institucionalización autoritaria obliga a los poetas del interior del país a la autocensura, la escritura panfletaria, la protesta comprometida y la búsqueda de nuevas fórmulas escriturales para dar cuenta de una realidad reprimida, escindida y fragmentada. Al repliegue de los discursos literarios del interior en la primera etapa de la dictadura (1973-1977), se contrapone en el exterior una producción de los poetas exiliados que tiene mayor continuidad con su producción anterior (la mayoría ya con una trayectoria, como es el caso de Óscar Hahn, Efraín Barquero, Armando Uribe, Waldo Rojas, Gonzalo Millán, entre otros). La diferencia es que ahora la producción poética está fuertemente marcada por los acontecimientos políticos, por lo tanto, hay una mezcla de poesía política y social con una profundización de los planteamientos estéticos personales. En este sentido, el surgimiento de revistas culturales como *Literatura chilena en el exilio* en California y *Araucaria de Chile* en Madrid, entre los años 1977 y 1978, ayudan a articular un nexo entre el discurso de la resistencia y los primeros síntomas de la integración. En cambio, dentro del país, si bien en los primeros años de dictadura se produce una escritura más ligada al panfleto y la denuncia, eso no significa que no se esté gestando una nueva estética que buscará clausurar el período anterior y que empieza a desarrollarse a partir de 1977, como señalará en 1982 Raúl Zurita en un documento de trabajo publicado por CENECA. Ya en la revista *Manuscritos*, publicada por la Universidad de Chile (1975), habían aparecido algunos textos contestatarios de Zurita, Ronald Kay, Lihn y el propio Parra, que incorporaban claves estéticas y experimentales que lograron pasar la censura del momento. Esto incluye también a otros poetas que editan en ese período como es el caso de Jaime Gómez Rogers (JONAS), Alfonso Calderón, Julio Barrenechea y entre los nuevos, Antonio Gil, Erick Polhammer, Bárbara Délano, Armando Rubio y Ricardo Willson.

Como se ha señalado, en España la estética culturalista empieza a entrar en crisis con la muerte de Franco y ya en 1977 hay un cambio de sensibilidad estética que tiene que ver con el tránsito a la democracia. En el caso chileno el desfase es obvio, aunque los poetas que salen al exilio establecen una continuidad con su poesía anterior y, por lo tanto, la poesía de protesta social y política se amplía en poetas como Barquero y Uribe en Francia, Mahfud Massís en Venezuela, Raúl Barrientos y Javier Campos en Estados Unidos, Juan Cameron en Rotterdam, etc. Muchos de ellos, aparecen en antologías publicadas en distintos países, como *Literatura chilena en Canadá /Chilean Literature in Canada* (Nómez 1982), *Viajes de ida y vuelta. Poetas chilenos en Europa* (Soledad Bianchi 1992) o ediciones especiales de las revistas *Araucaria* en España o *Literatura chilena en el exilio* en California, Estados Unidos.

La generación ascendente española pasa a ocupar un lugar dentro del canon y surgen nuevos poetas que se muestran en la antología de José Luis García Martín titulada *Las voces y los ecos* de 1980, entre ellos, Miguel d'Ors, Eloy Sánchez Rosillo, Abelardo Linares, Francisco Bejarano, que sin ser estrictamente políticos, tampoco se habían identificado con la línea culturalista y de renovación lingüística de los nueve novísimos. Cultivaban una poesía más conversacional, más cercana a las formas tradicionales de los poetas de la Generación del 50, aunque no tanto a sus temas. Hay también una reivindicación de tradiciones y figuras poéticas inéditas hasta entonces: la tradición elegíaca y contemplativa de la poesía andaluza, la recuperación de ciertos "prosaísmos poéticos", como los de Campoamor, Bartrina, Manuel Machado, etc., o la línea abierta por poetas más contemporáneos poco valorados hasta entonces como Luis Cernuda o Jorge Luis Borges.

En 1983 aparece en Granada la antología *La otra sentimentalidad*, firmada por Luis García Montero, Javier Egea y Álvaro Salvador. En esta antología se reivindica esa línea de lo que también se llamó "normalización" poética, entendiendo el término como un regreso a las tradiciones temáticas y formales de la poesía hispánica, sin despreciar a priori la reciente "tradición de la ruptura" como la llamaría Octavio Paz, pero rellenándola de contenido político y social. La idea central que inspira a estos poetas es la concepción machadiana de los sentimientos, los valores y las emociones como realidades históricas, no inmutables, que cambian en la medida que cambia la historia y las condiciones sociales. Investigando, pues, desde un punto de vista histórico en la evolución de todos esos componentes ideológicos, se puede encontrar el valor revolucionario del lenguaje y de la poesía, que no solamente está en las formas, sino en el "modo" de elaborar con determinadas formas (en principio cualquiera) los distintos temas, tanto los eternos como los que la nueva sociedad va imponiendo a los nuevos poetas. En 1987 aparecerá en Madrid la antología *1917 Versos*, en la que a los ya citados se suman Antonio Jiménez Millán, Javier Salvago y Benjamín Prado.

A finales de los años ochenta y comienzos de los noventa, esta tendencia, matizada por un cierto apoliticismo y un eclecticismo que la rellena de presupuestos parecidos a los de *Las voces y los ecos*, así como un "realismo" que pretende ser objetivo y que rechaza frontalmente con hostilidad y agrias polémicas cualquier aporte neovanguardista, comienza a ser nombrada como "poesía de la experiencia", utilizando el concepto que Jaime Gil de Biedma tomó de Robert Lagbaun. Al mismo tiempo, es considerada por algunos como tendencia poética dominante y criticada como poesía frívola, superficial, poco arriesgada y retórica, tanto en sus temas como en las formas utilizadas. El puente desde una situación a otra quizás pueda señalarse con la publicación de una serie de ensayos de Luis García Montero, reunidos bajo el nombre de *Confesiones poéticas* (1993). La respuesta a esta línea se define a sí misma como "poesía de la diferencia" y defiende la tendencia anterior de los años setenta: la revolución del lenguaje, cierto culturalismo, el esencialismo de Octavio Paz y, sobre todo, la escritura neovanguardista, sin despreciar en algún caso aislado, como el de Jorge Reichmann, el compromiso político. Quizás la antología más valiosa de esta tendencia es la que aparece en 1994 con el título de *La prueba del nueve* y que reúne a Olvido García Valdés, Miguel Suárez, Idelfonso Rodríguez, Miguel Casado, Concha García, Juan Carlos Suñen, Jorge Reichmann, Esperanza López Parada y Vicente Valero.

Si bien en el caso de Chile hay algunas diferencias, especialmente por la situación contextual de la dictadura, no podemos dejar de notar que a partir de los años ochenta se genera también una matriz poética de convivencia entre diferentes generaciones, grupos, promociones, estéticas y diversidad de temas, produciéndose un encuentro fructífero entre la poesía de dentro y de fuera. Aunque el experimentalismo prevalece al interior del país, matizado por un simbolismo que esconde sus claves para sobrepasar la censura, es indudable que va acompañado de una fuerte carga social y política que se desarrolla en todas las direcciones posibles. Además del trabajo con las diferentes dimensiones del texto, que es uno de los aportes más interesantes de esta poesía, no deja de ser sintomático el surgimiento de un vasto conjunto de discursos, entre los cuales los textos de mujeres que empiezan a escribir en la década es uno de los más relevantes. Es el caso de Carmen Berenguer, Eugenia Brito, Teresa Calderón, Bárbara Délano, Paz Molina, Heddy Navarro, Elvira Hernández y Soledad Fariña, entre otras. Esta irrupción es paralela a la que se desarrolla en España, donde varias escritoras, especialmente poetas, inician su escritura, siendo las más significativas en un primer momento Ana Rosetti y Blanca Andreu. La primera irrumpe ganando un premio, no muy conocido, con su primer libro *Los devaneos de Erato*, libro que sorprende por su descarado erotismo y por la madurez, tanto ética como formal, de su autora. La permisividad moral y sexual que se instala en la España de los primeros años ochenta, tiene en este libro uno de sus manifiestos, cargado doblemente de sentido al estar escrito por una mujer. El caso de Blanca Andreu es distinto. Mientras que Ana Rosetti ha desarrollado una larga y fructífera carrera hasta hoy como poeta, narradora e incluso autora teatral, la irrupción de Blanca Andreu fue circunstancial, muy ruidosa en aquellos años, por razones en cierto modo ajenas a la literatura, pero sin confirmación en una trayectoria posterior errática y apenas continuada en un par de libros. Su primer libro, *De una niña de provincias que se vino a vivir en un Chagall* (1981), obtuvo una enorme repercusión crítica por su espontaneidad y por manejar con mucha soltura una cierta sintaxis emocional muy cercana a los procedimientos surrealistas. A ellas dos se unen pronto otras poetas tales como Juana Castro, Dionisia García, Olvido García Valdés, Ángeles Mora, Inmaculada Mengíbar (estas dos últimas dentro de la órbita de la *otra sentimentalidad* granadina), Luisa Castro, Almudena Guzmán, etc. Ramón Buenaventura dedicó su libro *Las diosas blancas*, que se publica en 1985, a analizar el tema y la revista *Litoral* le dedicó el primer número de 1987 con el título de "*Literatura escrita por mujeres*". En 1997 Noni Benegas y Jesús Munárriz publican lo que podríamos considerar como el inventario canónico de este movimiento de poesía escrita por mujeres en las dos últimas décadas del siglo XX, la antología *Ellas tienen la palabra*.

Alguno de los poemas publicados al comienzo de la década por Ana Rosetti, quedaron como muestra significativa del cambio de sentimentalidad que supone la irrupción de estas nuevas poetas desprejuiciadas y desmitificadoras, como por ejemplo éste, titulado muy significativamente "Chico Wrangler":

> Dulce corazón mío de súbito asaltado.
> Todo por adorar más de lo permisible.
> Todo porque un cigarro se asienta en una boca

y en sus jugosas sedas se humedece.
Porque una camiseta incitante señala
de su pecho, el escudo durísimo,
y un vigoroso brazo de la mínima manga sobresale.
Todo porque unas piernas, porque unas perfectas piernas,
dentro del más ceñido pantalón, frente a mí se separan.
Se separan.

Culturalismo, experimentalismo, neovanguardismo

A comienzos de los años setenta en España se puede advertir un divorcio entre las poéticas dominantes y la realidad social. Sobre todo, al leer alguno de los poemas incluidos en la famosa antología *Nueve novísimos poetas españoles*, como el siguiente de Guillermo Carnero:

Así como el contorno del ámbar o del jade livianamente impone
la futura armonía de las formas
ha sido cada mármol, cada sillar tallado
para un reino vastísimo. La lámina de plata
entalla su aguzado perfil en la caoba
espejeando –ánades, juncos, sauces, guirnaldas–
al calor de las brasas. El ónice en el limpio
óvalo que lo aloja se confunde. Rebasa
de estos muros y escarpas un ansia incontenible
de súplica y dominio, como una fina daga
tenuemente contiene la sangre de la herida.
Tristes tiempos son estos. Bastiones nuestro reino
limitan. Falconetes, gonfalones, bombardas, aletear de cuervos
proclaman impotentes nuestro afán. En el valle
inhalan los colores el aura transparente

de la nieve fundida. Tristes tiempos son éstos para quien
algo ansía
no sometido al filo de su espada
(Castellet 1970: 211).

De otra parte, la retórica oficial, la de los poetas identificados o tolerantes con los aparatos de difusión y canonización del franquismo, como en el caso de los hermanos Murciano, López Gradoli, Alfonso Canales, Aquilino Duque, Manuel Ríos Ruiz, etc., es sin duda, una propuesta igualmente esteticista y evasiva, aunque basada en otros principios y en otra educación poética. Curiosamente, estas dos líneas, la de los jóvenes rupturistas y la de de aquellos que no abandonaron el país tras la Guerra Civil y que siguieron ejerciendo, más allá de generaciones y de situaciones políticas muy dispares, su magisterio literario y humano, se ponen bajo la advocación de una de las figuras de la Generación del 27. Nos referimos a Vicente Aleixandre. El también poeta Carlos Bousoño con su *Teoría de la expresión poética* (1952), no sólo intenta desentrañar los caminos y los estilos poéticos del irracionalismo aleixandrino, sino que de modo simultáneo se esfuerza por elevar a la categoría de esencialismo poético esa línea, marcando un rumbo para toda la poesía oficial de los años sesenta y setenta.

Precisamente será el propio Carlos Bousoño, años más tarde, el que defina el "culturalismo" de los novísimos cuando analice el libro de Carnero *Dibujo de la muerte*: "El poeta se inspira, de modo explícito o connotativamente, en el arte... y no directamente en la vida... por considerar... incognocible la realidad e inexpresable su experiencia por el sujeto dentro de unos esquemas sociales de carácter represivo cuya función primordial es controlar, manejar y ocultar la realidad" (Carnero 1979: 35).

Sin embargo, como se señaló antes, no todo lo poético en la España de los años setenta se circunscribe a las retóricas oficialistas o culturalistas; más allá de éstas, tanto en las grandes ciudades (Madrid y Barcelona) como en muchas capitales de provincia, otros discursos poéticos más apegados a las inquietudes sociales y políticas del momento intentaban abrirse paso, lejos ya de la "poesía social" de los años precedentes, y conciliar la voluntad de adaptarse a las nuevas formas con la de seguir siendo fieles a las necesidades de un país sin libertades, sobre todo sin libertad de expresión. No solamente el culturalismo o el irracionalismo son tendencias dominantes esos años en la poesía española, también la cultura de los *mass media* va a ser un factor determinante en la formación de las nuevas sensibilidades. Los textos de MacLuhan no sólo se leen, sino que penetran en el inconsciente general empujados por las prácticas cada vez más intensivas de la radiodifusión, la televisión, la industria del microsurco, el cine, los afiches, los pósters, los cómics, etc. Principios como "el medio es el mensaje" o ideas como la de que el mundo viene a ser una "aldea global" o que los medios audiovisuales condicionan una configuración eminentemente táctil en las personas, fueron aceptados como adecuados análisis de la sociedad moderna. Para Castellet la consecuencia más profunda de la influencia de los *media* en la nueva generación, fue la continua construcción de "mitos". Pero los mitos, en una realidad social subsumida, no son solamente mitos muertos o mitos vacíos, sino como lo demostró muy bien la literatura de uno de los novísimos, Manuel Vázquez Montalbán, pueden llenarse de contenido político, de contenido subversivo. Los mitos de aquellos años fueron también Ernesto Che Guevara, Mao Zedong o Víctor Jara, iconos llenos todavía de algún sentido. Del mismo modo histórico, se vivió por parte de muchos poetas la llamada recuperación *camp* del grupo novísimo, que consistió en rescatar figuras y movimientos de la cultura popular española de las décadas precedentes.

Hay varios ejemplos de esta tercera vía. El primero que podemos citar es el de la revista *Claraboya* de León, en torno a la cual se agrupan Agustín Delgado, Luis Mateo Díez (que luego sería uno de los narradores más importantes del panorama de fin de siglo), Ángel Fierro y José Antonio Llamas. Este grupo defiende la necesidad de una "poesía dialéctica" que se identifica con "la poesía del futuro". En 1971, el grupo publicará en una de las colecciones más prestigiosas de la época, el volumen titulado *Equipo Claraboya. Teoría y poemas*, en el que incluye un extenso manifiesto destinado no solamente a definir su propuesta poética, sino también a censurar el neodecadentismo de la antología de Castellet, al que acusa de ser el causante de la "ceremonia" de la confusión en que se encontraría la poesía española del momento. Lo peligroso de la antología de los *novísimos* para *Claraboya*, sería precisamente que en esa estética se encarnara una ruptura aparente que enmascararía la verdadera ruptura de la poesía dialéctica. Al convertirse en expresión parcial de la realidad, reproduciendo aquella parte que estéticamente sería asequible al sistema establecido, la poesía neodecadente no sólo pierde su capacidad rupturista, sino que se transforma en mercancía, en valor de uso, integrada en el sistema que aparentemente criticaba.

Desde el punto de vista individual, seguramente el caso de Félix Grande sea el más significativo. Grande publica en 1968 un libro en donde esa innominada pero muy definida nueva sensibilidad quedó encarnada del modo más brillante: *Blanco Spirituals*, que obtuvo el más prestigioso premio hispánico del momento, el de Casa de las Américas en 1967. No obstante, a pesar de los evidentes signos de ruptura, en este libro no se obvian los fantasmas de la realidad, hasta el punto de poder considerar el texto como el que inaugura un nuevo modo de poesía política y social en España:

> Tenemos miedo. Tenéis miedo. El nuestro
> es apesadumbrado y deambulante;
> el vuestro, acorazado y tumefacto. Todavía
> pulpos de hipocresía, salamandras bursátiles,
> todavía hay clases entre los espantados. Todavía

hay diferencias de matiz que advierten
la víctima en un miedo y en el otro la hiena.
(Grande 2011: 238)

El propio Félix Grande negaría más tarde a los novísimos como grupo generacional y su homogeneidad cronológica e ideológica en el artículo "Poetas novísimos, vieja confusión": "Los supuestos estéticos, sociológicos, mitológicos de cada uno de ellos son, reunidos, un muestrario abrumador de la diversidad más excelsa" (Grande 1970: 97-105). Como ya hemos señalado, en provincias, además de *Claraboya*, aparecen otras revistas, como *Tragaluz, Poesía 70* y *Letras del Sur* en Granada, *Marejada* en Cádiz, etc., cuyas poéticas están más cerca de esta tercera vía que de la poética novísima. Por otra parte, el grupo que en Sevilla se está conformando alrededor de lo que más tarde será la editorial Renacimiento y la revista *Calle del aire*: Abelardo Linares, Fernando Ortiz y Javier Salvago, o el que en Madrid aglutina a poetas como Carlos Álvarez, Jesús Munárriz o Antonio Hernández en torno a las editoriales Hiperión y Endimión, no sólo implica conciliar las nuevas formulaciones ideológicas y formales con la necesidad de subversión y el testimonio político-social, sino que además inicia un camino de recuperación de algunos de los viejos principios de las tradiciones precedentes, sobre todo de la Generación del 50 y de ciertos modos menos frecuentados hasta ahora de la Generación del 27.

En el caso chileno, ya señalamos que existe una línea de continuidad entre los años sesenta y los setenta, y que si bien el golpe militar interrumpe esa secuencia, las líneas se mantienen en lo grueso, acercándose mucho a lo que ocurre en España en relación a las líneas culturalistas y político-sociales. Si bien prima la tendencia del compromiso social que se agranda bajo la égida de Pablo Neruda, como indicamos antes, otros poetas de vanguardia, especialmente Vicente Huidobro y un poco menos Pablo de Rokha, representan también puntos de partida para los poetas del periodo. A ello se agrega la notable influencia de Nicanor Parra, Gonzalo Rojas y Jorge Teillier. Los poetas de los sesenta que iniciaban su carrera literaria bajo la sombra de los anteriores y que se agrupan en torno a revistas como *Trilce*, *De los amaneceres* y *Arúspice* en el sur, *Tebaida* en el norte o la revista *Orfeo* en Santiago, se desarrollan en torno a universidades u organizaciones culturales y reflexionan sobre los discursos literarios ajenos y propios, al mismo tiempo que participan en la coyuntura política y social de una manera un tanto mediada por su propia independencia o una crispación escéptica.

Como decíamos, el golpe representa una ruptura dentro de la continuidad. Tal vez el anuncio más claro del viraje que representa la nueva situación para la cultura esté planteado en el primer poema conocido después del golpe, "Somos cinco mil", escrito por Víctor Jara poco tiempo antes de ser asesinado:

> Aquí en esta pequeña parte de la ciudad
> somos cinco mil.
> ¿Cuántos seremos en total en las ciudades
> y en todo el país?
> Somos aquí diez mil manos
> que siembran y hacen andar las fábricas.
> Cuánta humanidad
> con hambre, frío, angustia, pánico,
> dolor, presión moral, temor y locura...
> (Epple y Lara 1978: 11).

El primer periodo es el más oscuro de la fase terrorista del sistema dictatorial, cuando impera el orden del terror cuyo efecto son los detenidos desaparecidos y cuando se acelera la institucionalización autoritaria del sistema. Los primeros días y meses fueron sintomáticos de este ordenamiento en que la razón de Estado está por sobre los individuos con el fin de derrotar al 'Mal': ejecución de los colaboradores de Allende, campos de concentración en el sur y norte del país, torturas, exilio, etc. Además del poema de Víctor Jara, otros escritos muestran las formas resignificadas que adopta el testimonio bajo la represión. Aparecen un sinnúmero de panfletos, textos mimeografiados, volantes o lecturas en casas de amigos que reemplazan las formas públicas de diseminar las producciones literarias que adoptan una clara intencionalidad política. Uno de los casos emblemáticos es el del joven poeta Aristóteles España, quien recluido en la isla Dawson escribirá un testimonio poético de su experiencia que publica más tarde con el título de *Equilibrio e incomunicaciones*. Del mismo tenor es *Carta de prisionero* de Floridor Pérez, con poemas de fines de 1973 pero publicados en 1984. Otro testimonio es el de Hernán Valdés, quien utiliza la forma del diario para exponer su experiencia en el campo de concentración de Tejas Verdes.

Es sabido que la mayor parte de la poesía del momento se hace en las cárceles, en los campos de concentración o en el repliegue de los hogares sitiados, para pasar de mano en mano o ser publicada en alguna revista artesanal de carácter clandestino o fuera del país. Muchos poetas publican primero sus textos en forma anónima para escabullirse de las posibles represalias de la dictadura y luego hacerlo con su verdadero nombre: son los casos de Óscar Hahn, Ana María Vergara y Juan Cameron. En el exterior, las primeras manifestaciones son de dolor, angustia, rabia, deseos de recobrar el paraíso perdido, poemas de batalla con mayor o menor carga simbólica dependiendo de la experiencia, la madurez o la profesionalización del poeta. Muchos de los poetas más relevantes que salen al exilio hacen una poesía circunstancial, como por ejemplo Alfonso Alcalde, Efraín Barquero, Armando Uribe, Gonzalo Rojas u Omar Lara, entre otros. Estos énfasis son indudablemente diferentes en Chile y España, por el contexto antagónico de ambos en los inicios de los setenta: mientras en España se terminaba una dictadura, en Chile recién comenzaba.

En Chile, entre 1975 y 1977, parece terminarse el "apagón cultural" verdadero o falso, publicitado difusamente por la dictadura. Atisbos de una apertura mínima en el campo cultural, que se pliega y se despliega de manera constante, permiten la aparición de algunos poemarios que dirigen las tendencias del momento y dan cuenta de las formas secretas y herméticas que tendrá la poesía fundamental de las décadas siguientes: *Voz reunida* (1975) de Julio Barrenechea o *Por fuerza mayor* (1975) de Enrique Lihn, entre otros. Desde finales de 1975 y hasta 1977, los signos de apertura se hacen más evidentes. Abatidos los grupos políticos y sociales más radicales de la sociedad chilena, la Junta de Gobierno pudo permitirse abrir ciertas brechas en lo cultural que le parecieron inofensivas, en paralelo a las libertades económicas que nunca se convirtieron en políticas en esos años. Hacia 1977 el abanico de expresiones se amplía de manera esencial. Por un lado, los poetas jóvenes desarrollan una lírica comprometida políticamente, pero también con resonancias simbólicas vastas. Es el caso de José María Memet con su primer libro *Poemas crucificados*, de los libros de Jorge Torres Ulloa *Recurso de amparo* (1975) y *Palabras en desuso* (1977), así como de las publicaciones en revistas y antologías de Erick Polhammer, Antonio Gil, Bárbara Délano, Diego Maquieira y Ricardo Willson, entre otros. En ellos se destaca la ironía, el juego de palabras, la utilización de elementos de la publicidad, el pastiche, el *collage*, el uso de la página en blanco, las formas visuales y otras técnicas de carácter experimental. En el mismo año, Alfonso Calderón publica *Isla de los bienaventurados*, un despliegue fantasioso de homenajes a personajes vivos y muertos, escrito en verso rimado y donde la realidad presente no aparece. A ello habría que agregar la publicación de *Sermones y prédicas del Cristo de Elqui* de Nicanor Parra, libro en el que junto al de Lihn se elaboran claves para hablar de forma velada de la censura y la violencia a través de la parodia, la sátira y la ironía. El periodo se cierra (o se abre) con algunos poetas de la ruptura que publican sus primeros libros: fundamentalmente

Juan Luis Martínez con *La nueva novela* en 1977 y Raúl Zurita con *Purgatorio* en 1979. Ambos libros se empezaron a escribir varios años antes y fragmentos de los mismos aparecieron en revistas (como el caso de la sección "Áreas verdes" del libro de Zurita en la revista *Manuscritos* de 1975) o fueron leídos ante públicos esporádicos desde comienzos de los años setenta. Martínez busca destruir los supuestos textuales y extratextuales de la escritura poética y horada su propio discurso en contra del sentido de totalidad sin fisuras. Su intento es lograr la despersonalización del texto. Por su parte, Zurita, busca superar la noción de texto para incorporar el espacio del cuerpo y la realidad como soportes de la escritura, explorando también las posibilidades traumáticas del dolor para metaforizar las agresiones sufridas por el cuerpo social-militar. Para ello, utiliza especialmente los elementos de la escatología cristiana, incluyendo los símbolos del mesianismo y la revelación:

> "El desierto de Atacama III"
> i. Los desiertos de Atacama son azules
> ii. Los desiertos de Atacama no son azules ya ya dime lo
> que quieras
> iii. Los desiertos de Atacama no son azules porque por
> allá no voló el espíritu de J. Cristo que era un perdido
> iv. Y si los desiertos de Atacama fueran azules todavía
> podrían ser el Oasis Chileno para que desde todos
> los rincones de Chile contentos viesen flamear por
> el aire las azules pampas del Desierto de Atacama
> (Zurita 1979:42).

La obra de Zurita tiene una evidente filiación con Juan Luis Martínez y con otros poetas coetáneos que empiezan a publicar libros de forma posterior, como es el caso de Juan Cameron, Diego Maquieira, Gonzalo Muñoz, Rodrigo Lira y Eugenia Brito. En todos ellos se produce la búsqueda de nuevos significantes y espacios de escritura, la elaboración de elementos gráficos que dialogan con el texto escrito, la despersonalización del sujeto o la entrada en escena de sujetos fragmentados, múltiples o escindidos, la interacción arte-vida, todos elementos que dan una vuelta de tuerca hacia las vanguardias convirtiéndose en la expresión más evidente de una neovanguardia.

Poesía biográfica, poesía de la experiencia, poesía de la ruptura

Como ha señalado Juan José Lanz, la progresiva recuperación del yo será uno de los rasgos más característicos de una parte de la poesía joven española a partir de 1974 (Lanz 2000: 610). La reformulación del culturalismo desemboca en la segunda mitad de los setenta en la práctica habitual del poema con referente histórico y del "monólogo dramático", lo que contribuye, no tanto, diríamos, a la "recuperación" del yo, sino más bien a la recuperación por los mecanismos poéticos de construcción y elaboración de la subjetividad. Esta progresiva recuperación del yo permitía la expresión de la experiencia personal de un modo más o menos directo, enmascarado tras algún personaje histórico o en algún referente cultural o en algún personaje poético que el autor elaboraba ficcionalmente en una escritura que en un primer momento se aproximó a una suerte de poesía biográfica y, más tarde, a la llamada *poesía de la experiencia*. La conexión con esta poesía de la experiencia, partió sin duda, con el eslabón de Gil de Biedma y sus lecturas, de la común admiración de todos estos autores por los últimos libros escritos por Cernuda en su exilio y a través de un contacto estrecho con la tradición lírica anglosajona. Podría decirse aquí al pasar, que si bien en Chile el oscurantismo de los primeros años de dictadura convierte el panorama en algo difuso, a partir de 1977, uno de los poetas que ejercerá mayor influencia (al margen del siempre mitificado influjo de Pablo Neruda como poeta político convertido en diseminación necesaria en el momento), será Enrique Lihn, cuyas comparaciones con Gil de Biedma han resultado espontáneas (Rodríguez y Alonso 1995). Por otro lado, esta referencia a la poesía española del momento, se puede también asimilar a buena parte de la poesía chilena del exilio, que busca a través del testimonio personalizado dar cuenta de una situación de expulsión, de caída, de simulacro épico o de un sujeto rabioso que pregona la injusticia de la situación que vive. En Chile, en cambio, el enmascaramiento múltiple de un sujeto o unos sujetos amenazados, obliga a desarrollar un discurso más complejo en donde la historia, el mito, la invención o el simulacro desfondan al personaje o a los personajes asumidos hacia situaciones que bordean lo insospechado.

En el caso español, el año del cambio es también 1977, pero por otras razones, especialmente porque es el año de recuperación de Luis Cernuda. Quizás fue en los años ochenta cuando Cernuda, su poesía, su prosa, encontraron al fin el reconocimiento, la admiración y el seguimiento, la influencia en suma, que tanto echó en falta el poeta sevillano a lo largo de su vida. Es cierto que en los setenta, al abrigo de la reivindicación de la Generación del 27 que llevaron a cabo los poetas "novísimos" y la recuperación de la antigua tradición culturalista que se había perdido considerablemente en la posguerra realista, Cernuda comienza a tener un lugar de relativa importancia en el imaginario de los jóvenes que se acercan a la poesía. No hay que olvidar la valiosísima recuperación que alguno de estos poetas, en concreto Guillermo Carnero, hace de los primeros discípulos destacados del poeta sevillano, aquellos que se reúnen en Córdoba bajo el rótulo de *Cántico*: Ricardo Molina, Juan Bernier, Julio Aumente y, sobre todo, Pablo García Baena, el de *Antiguo muchacho* y *Junio*. En el número 9-10 de la revista que publicaron con el mismo nombre en 1955, el grupo dedicó al poeta el primer homenaje que se le hizo en la España de la posguerra y todos, cada uno a su modo, tradujeron a sus propios versos y a su propia actitud vital las enseñanzas más valiosas del huraño escritor trasterrado.

No obstante, en la antología que dio fama a los poetas novísimos, la firmada por José María Castellet en 1970, a pesar de que el antólogo señala a Cernuda como a uno de aquellos poetas que los novísimos salvan de la tradición (Castellet 1970: 38), junto con Aleixandre y Gil de Biedma, el único que lo nombra en su poética personal como "poeta maldito" (Castellet 1970: 91) que habría influido en él, es Antonio Martínez Sarrión. Sin embargo, la influencia del poeta sevillano puede apreciarse con claridad en algún otro de los más notables poetas antologados, como por ejemplo en José María Álvarez, quien coloca al frente de la primera edición "definitiva" (1978) de su muy culturalista, pero no por ello menos vitalista, "*summa* poética", *Museo de cera*, una cita del poeta sevillano rotulada con mayúsculas: "Abajo todo, todo, excepto la derrota". Del mismo modo, se aprecia en otros muy cercanos a la órbita novísima, por ejemplo en Luis Antonio de Villena, quien en poemas como "Monumento en honor de Lord Byron", de uno de sus primeros libros, *El viaje a Bizancio* (1978), rinde un homenaje implícito al magisterio poético de Cernuda. Lo cierto es que tanto la presencia de su poesía como la influencia que se asegura ejerce son, todavía en esos años, más presentidas y deseadas que reales.

Es precisamente en esta época cuando se publica por primera vez, en 1975, una edición de su poesía completa, que no será definitiva hasta 1977. Muy poco antes, sólo podía accederse a su obra a través de las ediciones hispanoamericanas que circulaban en esos años y de algunas ediciones españolas muy minoritarias. La obra citada, que Barral propicia, contribuye notablemente al proceso de normalización en el conocimiento del poeta sevillano. También de 1975 es el ensayo que otro joven escritor, cercano a la órbita de los novísimos, Jenaro Talens, dedica a Luis Cernuda con el título de *El espacio y las máscaras*. El libro fue finalista del III Premio de Ensayo Anagrama y sería publicado en la misma editorial. Del prólogo que Talens coloca al frente del libro, podemos mostrar un párrafo que señala la relación oficial de la poesía de Cernuda con los poetas novísimos:

> Escribí este libro en 1970... No hay que olvidar que ese año se publicaba la antología de Castellet y se proclamaba la ruptura violenta con la tradición anterior. Una nueva mentalidad quería sustituir al "machadismo" y "cernudismo" imperante en la poesía de posguerra, como en algún artículo afirmó Pere Gimferrer. Por ambos términos se entendía una cierta postura ética o de compromiso, que la poesía debía abandonar como elemento apriorístico de su campo de acción. Evidentemente el problema no era tan simple. "Dibujo de la muerte" de Guillermo Carnero habría sido impensable sin "Luis II de Baviera escucha Lohengrín" desde un punto de vista del material expresivo (Talens 1975: 11).

En noviembre de 1977, la revista *Cal* de Sevilla, dirigida por Joaquín Márquez publica un homenaje a Cernuda en sus números 23 y 24, que debe ser el tercero que se le dedica en España, después de los realizados por *Cántico* (1955) y *La Caña Gris* (1962) de Valencia. Hay allí colaboraciones de escritores como Gerardo Diego, Pablo García Baena, Fernando Quiñones, algunos habituales como Alfonso Canales y Carlos Murciano y también colaboraciones de jóvenes. Entre ellos, la del poeta sevillano Fernando Ortiz con un poema titulado "Homenaje a L. C.", que reza:

> Grave en su sombra sueña el exiliado
> el frescor de aquel patio de Sevilla,
> el lento Sur y el mar azul de Málaga.
> No se resigna a dar por ya perdido

lo que perdemos todos los mortales.
Su desesperación erige un verso
que es fuego y frío y melodiosa queja
y logra lo imposible: dejar quieta
el agua temblorosa del pasado
(*Cal*, nº23 y 24, 1997: 31).

La colaboración de Fernando Ortiz, un poeta casi desconocido en aquel momento –su primer libro, *Primera despedida*, se publicaría al año siguiente–, es significativa porque él mismo había organizado el año anterior un homenaje en el que participaron también Juan Gil-Albert, Jaime Gil de Biedma y Luis Antonio de Villena. Las conferencias dictadas en ese encuentro se publicarán ese mismo año, 1977, con el título de *3 Luis Cernuda*; pero también es significativa su colaboración porque Ortiz es uno de los jóvenes que más trabajarán en la renovación poética de los años venideros, apostando por una estética que puede denominarse como "la palabra normalizada" o la "vuelta a la tradición", en la que la obra de Cernuda y su ejemplo moral tuvieron un papel muy destacado. La sombra protectora de Cernuda estará presente en los libros posteriores de Ortiz como tema argumental y como sentido de la palabra poética: "La sirena de un buque, el silbato de un tren/ eran aceros en su pecho/ punzándole a iniciar el viaje más soberbio y más libre/ Privación, infortunio, países nunca hollados/ no bastaron jamás a detenerle/ en la búsqueda insomne de la palabra viva,/ melódica, amorosa,/ de apasionada gravedad y afilada amargura,/ a este andaluz altivo y solitario" (*Vieja amiga* 1984: 29 y 30).

Este mismo año, el de las primeras elecciones democráticas, el del restablecimiento de la democracia española, es el año en que también otros acontecimientos contribuyeron a la difusión masiva de la poesía y la figura de Cernuda. Entre ellos, la presentación de una película, *El desencanto* de Jaime Chavarri, en donde se ofrece una radiografía inmisericorde de la figura y la familia de uno de los mitos culturales del franquismo, el poeta Leopoldo Panero. En este mismo film llama la atención la personalidad "maldita" de su hijo Leopoldo María Panero, incluido en la antología de Castellet, pero también el testimonio de Juan Luis Panero, hijo mayor del poeta, cuando narra la relación de Luis Cernuda con su madre, Felicidad Blanc. Juan Luis hablaba en el film con mucho cariño de Cernuda, marcando un vivo contraste con lo que recordaba de su padre. Juan Luis Panero publicaría un poco más tarde, en la década de los ochenta, un libro que contribuyó decisivamente a cambiar el panorama poético español, *Juegos para aplazar la muerte* (1984), en el cual la figura de Cernuda desempeña un papel fundamental:

> En Madrid donde me dieron la noticia de tu muerte,
> en Sevilla, años después, en una extraña primavera,
> en Londres, repitiendo tantas veces
> el sonido de tu voz, el roce de tu mano.
> ....
> Que esa presencia, esa memoria me acompañen
> hasta el día en que sean reflejo fiel,
> testimonio inútil de un sueño derrotado
> y una mano cierre mis ojos para siempre.

Es finalmente, el año en que un joven poeta murciano, Eloy Sánchez Rosillo, obtiene el Premio Adonais con el libro *Maneras de estar solo*. Rosillo es uno de los poetas impulsores del cambio, que se completará en la década siguiente y en el que se refleja la influencia de Cernuda en poemas como "Cuerpo dormido":

> A veces recuerdo la tibieza de aquellos días,
> la gracia de aquel cuerpo dormido,
> la blancura del lecho en un rincón del cuarto,
> el libro abandonado, entreabierto,
> la lámpara sumisa, la ventana,

el sonido lejano de la lluvia,
los lentos rumores de la noche.
Y pienso entonces que fue hermosa la vida.
Y acaricio en mi pecho las heridas del tiempo.

En Chile, como ya señalamos, diversas estéticas buscan en 1977 establecer una clausura con las tradiciones anteriores, pero también las nuevas experiencias geográficas y culturales del exilio ayudan a replantearse la producción anterior de un poeta o de un grupo. De este modo se empieza a conformar un vasto tejido escritural que tiene diversos escenarios. La Sociedad de Escritores de Chile inicia una serie de concursos anuales que tiene por centro el homenaje a los grandes poetas nacionales: Mistral, Huidobro, Neruda, los cuales de una manera distinta y en un contexto diferente, cumplen un papel rector al igual que Cernuda en España. Cumplen esta función antologías como *Poetas chilenos de hoy* (1977) realizada por Daisy Bennet y Ariel Fernández, una selección sin grandes pretensiones pero que busca diseminar la escritura de los poetas jóvenes o *Poesía para el camino* de 1978, más selectiva, de la Unión de Escritores Jóvenes, encabezada por un prólogo de Roque Esteban Scarpa y un manifiesto de otro poeta, Fidel Sepúlveda Llanos y cuyo gestor fue el joven poeta Ricardo Willson. Este último dirá en la presentación: "Esta antología es, o pretende ser, la continuidad del oficio poético que heredamos de las generaciones anteriores a la nuestra" (Willson 1978: 9). Al situarse como una continuidad de la tradición, la antología inicia una rearticulación histórica, un diálogo que intenta romper la fragmentación de la cultura que ha propugnado la dictadura durante esos años. Entre los poetas seleccionados encontramos, entre otros, a Erick Polhammer, Antonio Gil, Bárbara Délano y el propio Ricardo Willson, su gestor. Polhammer, en uno de los poemas más expresivos del periodo, "Algo que no tiene nombre le ha ocurrido al gallo", escribirá:

Algo que no tiene nombre le ha ocurrido al gallo
Le han apretado un perro para la ropa en la mitad de la garganta,
Y el gallo no puede cacarear
Ya no puede despertar al vecindario
Ni a diario saludar a su corral
Por las colinas el día se abre anónimo
Sin nadie que propague que ahí está
....
El que sea gallo que le ponga nombre (70).

Y aún más directamente en otro poema del libro, titulado "Los helicópteros":

...hasta que llegaron los helicópteros y los helicópteros
se establecieron desde allí hasta siempre
girando y zumbando como tábanos
de acero los helicópteros
girando sobre nuestros cerebros, zumbando sobre nuestros cerebros
que desde allí en adelante
se limitaron a recordar las épocas previas a los helicópteros
épocas llenas de esperanza... (71).

Si bien se percibe un cierto repliegue en ciertos poetas, como el caso de Jorge Teillier que publica en 1978 *Para un pueblo fantasma* (una mirada retrospectiva de su propia producción), otros autores buscan nuevas fórmulas estéticas para lograr una simbiosis entre sus búsquedas personales y el compromiso político. Además de Zurita y Juan Luis Martínez, es el caso del libro *Hombrecito verde* de David Turkeltaub, de 1979, y, del mismo año, *Variaciones ornamentales* de Ronald Kay, *Perro de circo* de Juan Cameron y otras obras. Muchos críticos han planteado la importancia de estos textos en la apertura estética que se produce en esos momentos en Chile, incluyendo el surgimiento del multifacético grupo CADA (creado también en 1979) y la diversidad de líneas poéticas y pictóricas que afloran en los ochenta. Con respecto al CADA (Colectivo de Acciones de Arte), estuvo formado por la escritora Diamela Eltit, el poeta Raúl Zurita y los artistas visuales Lotty Rosenfeld, Juan Castillo y el sociólogo Fernando Balcells. Lotty Rosnfeld señala que

> Durante los años 1977 y 1978, Juan Castillo y yo nos reuníamos por razones de militancia política, con artistas de oposición, en la Galería Espacio Siglo xx, lugar en el cual, por supuesto, también realizábamos actividades artísticas. A corto andar nos fuimos consolidando en un colectivo de arte interdisciplinario junto con Alberto Pérez, Pachi Torrealba, Marcela Serrano, Antonio Gil y Francisca Cerda (Neustadt 2001:48).

Hasta allí llegó Raúl Zurita con hojas que contenían un manifiesto poético que repartía Diamela Eltit.

Posteriormente el grupo se amplía al aparecer la crítica Nelly Richard, que había coincidido con Zurita en la ONG CENECA y se suma un grupo de intelectuales conformado especialmente por artistas plásticos, entre los cuales están Carlos Leppe, Carlos Altamirano, Eugenio Dittborn, Ronald Kay (también poeta) además de Zurita y Eltit, y que pasaron a llamarse Escena de Avanzada con el objetivo de empezar a llenar los espacios públicos.

Por su parte, la obra de Zurita tiene una evidente filiación con otros poetas que inician su escritura en los ochenta, como el caso de Gonzalo Muñoz (*Exit* en 1981), Diego Maquieira (*La Tirana* en 1983), Carlos Cociña (*Aguas servidas* en 1981), Rodrigo Lira (*Proyecto de obras completas*, terminado en 1982 pero publicado en 1984) y Eugenia Brito (*Vía pública* en 1984), con los cuales asimila la búsqueda de nuevos significantes y espacios de la escritura. En ellos, a juicio de Carrasco (1989), se expanden las técnicas estéticas hacia la interdisciplinariedad y la mutación del género poético, en un ente híbrido que incorpora otras formas culturales. Ejemplos de este tipo de escritura pueden apreciarse en Rodrigo Lira, quien en poemas como "Ars Poetique" o "Sermón de los hombrecitos magentas" retoma la ironía parriana para relacionarse intertextualmente con la tradición y establecer una clausura provisoria, que es al mismo tiempo la parodia de su tiempo. Escribirá en "Ars Poetique" con evidente ironía contestataria a Huidobro, pero también como homenaje:

> Que el verso sea como una ganzúa
> Para entrar a robar en la noche
> Al diccionario   a la luz
> De una linterna
>   sordo como
> Tapia
>   Muro de los lamentos
> ....
> cae un rocket   pasa un Mirage
> los ventanales quedan temblando
> Estamos en el siglo de las neuras y las siglas
>   Y las siglas
> Son los nervios, son los nervios... (Lira 1984: 33).

Por su parte, Maquieira, a través del personaje de La Tirana, entrará en la misma inflexión que los poetas españoles que enmascaran el yo para realizar una poesía culturalista que da cuenta de una biografía personal o colectiva. Sólo que en el caso de Maquieira, su personificación alude a un registro más amplio que es la dictadura, que es el contexto, que es la historia real y ficticia, que es un simulacro, que es el machismo y el racismo, etc., pero también es una mezcla de la escritura y la oralidad, del yo y el tú y el nosotros:

> Yo, La Tirana, rica y famosa
> la Greta Garbo del cine chileno
> pero muy culta y calentona, que comienzo
> a decaer, que se me va la cabeza
> cada vez que me pongo a hablar
> y hacer recuerdos de mis polvos con Velásquez (Harris *et al.* 1996: 281).

O Eugenia Brito, quien adopta voces múltiples que construyen una sujeto fragmentada y escindida, que tiene su paralelo en el lenguaje:

> Me despertaron híbrida;
> no fui más que al borrarse los contornos.
> Me tembló el sonoro final de los desbordes
> transeúnte travesti marginal mi palabra
> Crucé los lechos ficticios del lenguaje
> hasta anclarme en tu nombre
> Y vagué erradicada de tu propio deseo
> para verte mejor te di mis pechos...
> pero te separaste
> Y yo hice mi propiedad en lo cautivo... (Harris *et al.* 1996: 154-155).

De modo parecido, los poetas en el exilio, especialmente los de los sesenta, siguieron publicando una obra de continuidad pero sin eludir la ruptura: es el caso de Gonzalo Millán con *La ciudad* (1979) en Montreal; de Waldo Rojas en Francia (*El puente oculto* es de 1981); de Raúl Barrientos en Estados Unidos, con *Ese mismo sol* de 1981 y *Reino de la noche* de 1982; de Jorge Etcheverry en Ottawa con una antología bilingüe titulada *El evasionista/The Escape Artist* en 1981; de Naín Nómez en Toronto con su antología también bilingüe *Historias del reino vigilado/Stories of a Guarded Kingdon* (1982); de Sergio Infante en Suecia con *Retrato de época* (1982). A éstos, habría que agregar los nombres de Erik Martínez en Canadá, de Omar Lara en Rumania, de Gustavo Mújica en París, de Hernán Valdés en Alemania, de Antonio Arévalo en Italia, de Jaime Silva en Alberta (Canadá), de Hernán Castellano Girón en California, de Roberto Bolaño en Barcelona, de Hernán Lavín Cerda en México, de Mahfud Massís en Caracas o de Bruno Montané en Barcelona entre otros. Un ejemplo de esta visión es un fragmento del poema-libro de Millán, *La ciudad*, que expresa lo dicho anteriormente. Se trata de un poema que alude al pasado degradado por la dictadura, pero no en forma nostálgica, sino asumiendo críticamente la realidad para transformarla. El poema se inicia "abriendo" la ciudad con una metáfora visual:

> Amanece.
> Se abre el poema.
> Las aves abren el pico.
> Cantan los gallos.
> Se abren las flores.
> Los oídos se abren.
> La ciudad despierta...
> La herida se abre (1979: 5).

Realidad y conciencia se abren en el poema mostrando una ciudad que irá cambiando en el texto para desarrollar la tragedia de la ciudad destruida por el tirano en una nueva versión de la Caída:

> Desolaron el país
> Desperdiciaron el tiempo
> Desvariaron a diario
> Desalaron el mar
> Desanduvieron el camino
> Destruyeron la ciudad (36).

Los avances y retrocesos en el campo económico, político, militar que se desarrollan al interior de las fuerzas que hegemoniza la dictadura, así como las oscilaciones, los despliegues y repliegues de las fuerzas antidictatoriales al interior y al exterior del país, en el caso de Chile se articulan de forma dialogante, pero también contradictoria con los discursos literarios y poéticos. Lo importante es que en los inicios de los ochenta, los discursos poéticos han logrado eludir la censura a partir del simulacro de la aceptación del orden, utilizando los pliegues discursivos de la parodia, la ironía, el sarcasmo, la resignificación de los símbolos de la dictadura (como el caso del libro *La bandera de Chile* de Elvira Hernández 1982) y especialmente la deconstrucción de los significantes de todos los discursos esencializados por el sistema opresor. Todo ello se da en el contexto de una dictadura institucionalizada, reforzada por el plebiscito de 1980, pero erosionada también por la crisis económica de comienzos de los ochenta y la reacción dictatorial de instalar una economía neoliberal con la privatización de los sistemas sociales, la flexibilidad laboral y la apertura a los mercados internacionales.

Capítulo III
La poesía española y chilena de los ochenta en adelante: de la experiencia y la "normalización" a las contradicciones de la posmodernidad

La poesía española en los ochenta: "normalización", "experiencia" y "neovanguardia". Contradicción y confluencia

A partir de los años ochenta, en España se empieza a utilizar el concepto de "normalización" para caracterizar la poesía del último tiempo y la actitud de los poetas que la practican: "una poesía escrita por personas normales y destinada a personas normales", dirá Luis García Montero. El concepto a estas alturas empieza a ser algo confuso, incluso inoperante, si lo ponemos en relación con el psicoanálisis o con corrientes psicológicas más actuales. De cualquier manera, tanto García Montero como otros poetas y críticos saben muy bien de lo que están hablando cuando utilizan el término "normalización". Se trataría, en definitiva, de apostar por la superación de un discurso poético basado en la "irracionalidad", en la "hechicería de la ruptura", de la invención, de la originalidad, de la creación a partir de la nada, es decir, de la superación de lo que Octavio Paz denominó la "tradición de la ruptura" –que para él presidiría ya de modo inevitable el acontecer poético del siglo XX–, lo que implicaba apostar simultáneamente por la recuperación de la llamada "tradición de las tradiciones". Borges, partiendo paradójicamente de preocupaciones vanguardistas, sería el principal valedor de esta tendencia, no sólo en su dimensión poética, sino haciéndola extensible al discurso literario en general. Esta toma de posición lleva implícito un grado de humildad considerable, al que no es ajeno el propio Borges y que se expresa muy bien en las siguientes frases de otro de los más interesantes jóvenes poetas, el catalán Alex Susana:

> ...toda lengua, sea cual sea, da cada siglo para generar tres, cuatro o cinco grandes poetas...Si aceptamos que estos grandes nombres, en la mayoría de las tradiciones occidentales, se dieron durante la primera mitad del siglo, fácilmente convendremos en aceptar nuestro feliz destino de poetas menores (Muñoz 1994: 125).

¿Es ésta una poesía de la socialdemocracia? En un sentido podríamos afirmar que sí, y esta afirmación no debe escandalizar a nadie ni tomarse en sentido peyorativo. El esquema "todo vale dentro de la normalización" (la diversidad, las distintas tendencias, incluso las distintas posiciones ideológicas o políticas); "nada vale fuera de ella" (y esto supone en muchos casos una oposición frontal al "radicalismo" de las maneras vanguardistas que, merecería cuando menos un espacio de reflexión), se asemeja al "todo vale dentro de la democracia", nada fuera de ella. Como si ambos conceptos, "normalización" y "democracia", fuesen verdades absolutas, irrevocables e insuperables y no sujetas al "terrorismo de Estado" o a la dictadura arbitraria de críticos y editores. Poesía en la socialdemocracia también porque la recepción de esos "discursos poéticos normalizados" que se abrieron paso en los últimos quince años hasta convertirse en "norma" hegemónica, tiene mucho que ver con la aparición de ciertos grupos sociales emergentes, nuevas clases medias consolidadas al amparo de la política socialista, que han demandado la producción y el consumo de una cultura, asimismo "media", digerible, y que analizamos con más detenimiento en otro lugar (este fenómeno ocurrirá, en el caso de Chile, con ciertas variaciones: un espectro más amplio de estéticas y una demanda más exigua a partir de los noventa con la apertura democrática).

El "horror al pasado" se manifiesta, pues, en el discurso poético a través inicialmente de su formalización, formalización que se ha centrado desde el punto de vista histórico generacional en la reacción contra la poesía "novísima" de los setenta y, desde un punto de vista más conceptual, en la reacción contra cualquier mundo poético que huela a vanguardismo (en el caso chileno, ha habido más bien una coexistencia de ambas posturas, como veremos más adelante, tal vez porque la heterogeneidad de propuestas ha sido siempre muy amplia desde los años cincuenta). Una reacción que obedece en gran medida a un mecanismo de defensa contra una serie de ataques desmesurados e injustos, suscitados al comienzo de los ochenta, precisamente por la aparición de los primeros síntomas de un discurso poético que, simplemente, intentaba investigar las posibilidades de la lengua sin necesidad de recurrir a la "sacralización de la ruptura".

No obstante, esta nueva "guerrilla literaria" ha generado dos equívocos a gran escala, entre cuyas contradicciones y hallazgos se ha debatido el proceso de aprendizaje de los más jóvenes. Por una parte, la creencia de que en los años setenta sólo se escribía al estilo "culturalista", "neovanguardista" y "evasivo" de los novísimos. Y en segundo lugar, el convencimiento de que los procedimientos vanguardistas son perversos y estériles *per se*. Es decir, por una parte se invocaba la necesidad de normalidad, superación y "sentido común", y sin embargo caían los unos con precipitación y demasiada frecuencia en la trampa historicista de las reacciones generacionales y las rebeldías contra el inmediato pasado, mientras los otros se aferraban a la institucionalización paradójica del discurso poético, considerándolo como un asunto de genialidades domésticas, individualidades funcionariales y sinceridades de jeroglífico, perdiendo ambos la oportunidad de crear un espacio tolerante, abierto a todas las posiciones y dispuesto al diálogo y al debate, un espacio verdaderamente posmoderno. Porque como posmoderna ha intentado definirse esta posición, acudiendo a los planteamientos de Eco, en el sentido de que la respuesta posmoderna a lo moderno consistiría en reconocer la imposibilidad de destruir el pasado, operación que sólo conduciría al silencio y de ahí la necesidad de volver a visitar ese pasado, pero con ironía, sin ingenuidad. Los límites de esta argumentación consisten básicamente en que a menudo se olvida, sobre todo en la práctica, que los procedimientos históricos de vanguardia también pertenecen a ese pasado y que la necesidad de revisitarlos puede aparecer en cualquier momento. Ya es evidente de hecho ese sentido posmoderno en otras manifestaciones artísticas como la pintura o el teatro, que muy pocos cuestionan por cierto. Como señala Frederic Jameson, "estas actitudes las vanguardistas se han vuelto arcaicas debido a una mutación en la esfera de la cultura. No solamente Picasso y Joyce han dejado de ser repugnantes, sino que ahora los encontramos en conjunto, bastante 'realistas'. Lo que no es sino el resultado de la canonización e institucionalización académica del movimiento modernista (vanguardista) en general, que puede fecharse al final de la década de los cincuenta" (Jameson 1991: 16 y 17). Pero, como también señala Jameson, una de las características de la posmodernidad sería la disolución de la subjetividad hasta el punto de poder hablar de un "ocaso de los afectos". De tal modo que la representación de los sentimientos, entendidos como la liberación de una trascendencia, sería ahora sustituida por un modo de representar basado en "intensidades" que se asocian libremente en una especie de euforia próxima a la que se produce en la esquizofrenia. El modo de representación de estas "intensidades", en la edad de la imagen y la informática, de Internet y los videoclips, puede que esté mucho más cerca, queramos o no, de los modos de representación vanguardista que de los de ninguna otra tradición. Y no sería extraño que los jóvenes poetas españoles del siglo XXI sintieran la necesidad de investigar en este terreno como lo hacen los norteamericanos y muchos hispanoamericanos. Lo cierto es que muy pocos poetas españoles a finales del siglo pasado hubiesen sido capaces de suscribir por escrito las siguientes frases del valenciano Carlos Marzal: "Nadie es un buen poeta o deja de serlo por adscribirse a la tradición de la tradición o a la tradición de la ruptura. Mientras que no se demuestre lo contrario, un buen poeta es un tipo que escribe buenos poemas de vez en cuando" (Muñoz 1994: 86).

De cualquier modo, no quisiéramos que todas estas precisiones que aquí se introducen, dieran la falsa impresión de que tomamos posición en contra de este proceso de "normalización" de la poesía española. Todo lo contrario, la práctica poética de Salvador, coproductor de este trabajo, se inscribe en esa línea, lo que no impide que se señalen los límites, las aporías, las contradicciones y los excesos de una tendencia poética con la que, por otra parte y a grandes rasgos, el autor se identifica plenamente, aunque desde la posición abierta que acabamos de señalar en Carlos Marzal.

Quizás el problema esté en la confusión que ha creado la confluencia de varias tendencias, con sus tradiciones diferentes y sus posiciones ideológicas muy distantes entre sí, en lo que se ha dado en llamar "poesía de la experiencia". En ella, nos atrevemos a distinguir dos grandes líneas, caracterizadas fundamentalmente por el sentido último que en cada una de ellas se pretende dar al procedimiento poético experiencial. Como todos sabemos, esta caracterización del proceso de elaboración poética viene de Jaime Gil de Biedma, quien lo toma a su vez, del crítico anglosajón Robert Langbaun. Para Gil de Biedma, la poesía de la experiencia sería aquella capaz de transmitirnos la sensación de comunión entre las cosas o los hechos y las significaciones, como si se tratara de una realidad "integrada", pero señalando al mismo tiempo los límites, la precariedad, la inadecuación, entre la experiencia y la idea, con la conciencia clara de la distancia entre la realidad y la poesía. Lo que en Gil de Biedma se ha leído como caracterización de un estilo personal o de grupo, en Langbaun en cambio, tiene una mayor trascendencia, pues se trata, ni más ni menos, que de una definición de la poesía moderna. Toda la poesía occidental, a partir de la Ilustración, sería poesía de la experiencia, porque desde ese momento el poeta toma conciencia del divorcio existente entre la realidad y el modo de representación de esa realidad, que supone la poesía y que en última instancia reproduce el divorcio definitivo entre trascendencia y subjetividad (Langbaun 1996: 61-98 y 339-375).

Parece evidente que desde esta concepción, definir una tendencia poética como "poesía de la experiencia" es, cuando menos, caer en la imprecisión, a no ser que se considere, con no poca dosis de arrogancia, que en España no ha existido hasta ayer mismo poesía moderna. De otra parte, la falta de conocimiento directo del texto de Langbaun –increíble, pero cierto–, tanto por parte de críticos como de poetas, ha hecho que se caiga en una veneración excesiva y errónea de la

Ilustración y de la necesidad de "racionalidad" poética, oponiéndola al Romanticismo como movimiento generador de la "irracionalidad" contemporánea. Como demuestra muy bien Langbaun, la irracionalidad está ya inscrita en la Ilustración misma y la diferencia a favor del romántico es que éste puede elegir libremente por primera vez sin dogmatismos racionalistas a qué tradición se adscribe, derecho del que precisamente los poetas actuales presumen sin cesar.

De cualquier modo, lo que nos interesa señalar ahora es el hecho de que la concepción de la poesía como "experiencia" literaria del poeta frente a la realidad de los hechos o las cosas y frente al divorcio de esta realidad con el mundo de las ideas, genera una serie de procedimientos discursivos que casi en su totalidad están presentes en la mayoría de los más importantes poetas españoles de las últimas generaciones, tanto en los que escriben en castellano como en aquellos que lo hacen en catalán o gallego. En primer lugar, esta poesía muestra un contenido ético, en el sentido que señala Germán Yanke, parafraseando a José Olivio Jiménez en su artículo "La figuración irónica", "no como moralidad trascendente ('moralista'), sino recuperando su sentido etimológico, como mores, costumbres, modos de enfrentarse personal y dignamente al mundo" (*Scriptura* 1994: 66). Es lo que Gil de Biedma llamaba la refundación de lo "sagrado personal" y que reconciliaría el discurso poético moderno con su antigua vocación sacralizadora.

Desde ahí y puesto que el conflicto personal se expresa como una moral, esta poesía busca la complicidad del lector y por lo tanto necesita fingir que habla como lo haría el hombre de la calle, el "hijo de vecino", el "hombre normal", para que el sentido ético de la experiencia de escritura del poema se reproduzca también como una experiencia de lectura. Hemos dicho, "fingir" que habla el poeta como lo haría el hombre de la calle, porque la poesía "no es" –"no puede ser"– habla cotidiana. Por lo tanto, estos poetas tienen una profunda conciencia del carácter "artificial" del hecho poético y de su distancia respecto a lo que podríamos llamar "el lenguaje de la realidad". Sólo que este carácter de "artificio" asumido no los conduce a situar el lenguaje poético en los dominios de lo inefable, de lo mágico fundacional. Ese lenguaje artificial, que para su construcción echa mano de cualquier recurso que la tradición le proporciona, asienta su sentido, su "utilidad", en manifestarse como una representación del lenguaje de la calle, de tal manera que el lector pueda decir, tal y como señala Yanke, "así hablaría yo, si yo fuese poeta". La artificialidad produce, paradójicamente, una identificación, lo que Edmund Wilson llamaba "un shock de reconocimiento" y así lo que de sagrado, de perteneciente a la naturaleza humana tiene la experiencia personal, se conecta entre el poeta y el lector a través de la convención poética, del "rito verbal" que señalaba Auden (Yanque en *Scriptura* 1994: 64).

En la poesía chilena, como se ha señalado, esta corriente se desarrolla a partir de los años cincuenta, especialmente a través de la llamada antipoesía de Nicanor Parra y la intercalación coloquial y narrativa de Enrique Lihn o el trabajo con la oralidad de Gonzalo Rojas y Alfonso Alcalde, lo que es asumido por una parte importante de los poetas de los años sesenta, especialmente por Floridor Pérez, Jaime Quezada, Omar Lara, Cecilia Vicuña y Claudio Bertoni, para continuar como una línea de cierta permanencia en muchos poetas de los setenta y ochenta: valga citar aquí a Aristóteles España, José María Memet, Rodrigo Lira, Jorge Montealegre, Teresa Calderón y Heddy Navarro entre los poetas de los ochenta, y en los poetas más cercanos al año 2000 a Pablo Paredes, Gladys González y Diego Ramírez, incluyendo un poeta mapuche urbano como David Añiñir con su libro *Mapurbe* (2005).

Se trataría entonces no de intentar transmitir una "verdad" subjetiva –o pretendidamente objetiva– a través del discurso poético, sino de crear artificialmente un simulacro verosímil, la atmósfera de una experiencia de realidad. Quien habla –o se exhibe– en el poema no es el poeta, sino un "personaje poético" que se mueve dentro de una ficción artificial, convencional, pero fácilmente identificable como verosímil. En este sentido es como se puede hablar de poesía como ficción o razón narrativa al analizar estos textos, tal como hace Antonio Jiménez Millán en su artículo "Un engaño menor: las generaciones literarias", utilizando una terminología extraída de la crítica que Castellet hace de Joseph Pla: "Me refiero a la concepción del poema como una modalidad de relato, como un desarrollo particular de la experiencia, entendiendo ésta en su acepción más general, integradora de elementos biográficos, históricos y culturales" (*Scriptura* 1994: 16). O bien de épica subjetiva, como hace Juan Carlos Rodríguez en "La poesía o la sílaba del no", al señalar el comienzo de "una nueva teoría de lo político como algo subjetivo, de lo social como correlación de singularidades, de la objetivación, en suma, del yo, a través de sus fragmentos, en un nuevo discurso que podríamos llamar sin sonrojo una escritura del yo objetivado, o una nueva épica subjetiva" (*Scriptura* 1994: 50).

En los poetas que escriben en diversas zonas del sur de Chile a partir de los años ochenta se realiza una poesía que se vincula a la tradición de la crónica, el testimonio o la memoria y que incursiona también en los discursos etnoculturales relacionados con la población indígena originaria. En ellos, también se puede encontrar un discurso que apunta a esta idea de la "épica subjetiva", una especie de reciclaje de los discursos de la historia, de los mitos o de otras áreas de la cultura, transformados a partir de la subjetividad del discurso poético.

Ahora bien, como hemos dicho más arriba, tanto la experiencia del poema como la de la lectura de éste tienen no sólo que mostrar el mundo en una integridad convencional, artificial, sino también señalar la falacia, la falsedad, la distancia realmente existente entre la experiencia real y la poética. No otra cosa quiere decir García Montero cuando repite una y otra vez que "la poesía es mentira, una hermosa mentira" o cuando escribe:

> Recuerda que tú existes tan sólo en este libro,
> agradece tu vida a mis fantasmas,
> a la pasión que pongo en cada verso
> por recordar el aire que respiras...
> ... ...
> Recuerda que yo existo porque existe este libro,
> que puedo suicidarnos con romper una página
> (García Montero 2006: 151-152).

O Felipe Benítez Reyes al afirmar: "creo que en un poema la emoción debe ser fingida... he perdido esa superstición según la cual el poeta ha de dejar su vida en el papel. He pasado de entender la poesía como una confesión a entenderla como un género de ficción" (en Villena 1986: 75 y 100).

¿Cómo resolver esta contradicción? ¿Cómo escribir esta actitud y que resulte verosímil? Los ecos de Borges y Pessoa son muy perceptibles, pero la tradición a la que se acogen estos poetas es, incluso, más antigua, más clásica, es lo que podríamos llamar la tradición de la ironía que, como sabemos, está íntimamente unida al nacimiento del discurso literario moderno. La ironía ha sido, modernamente, uno de los principales recursos que los escritores han empleado para allanar las limitaciones de la literatura frente a una realidad llena de contradicciones que la "armonía" clásica del arte no podía superar. En la tradición poética hispánica, sin embargo, el recurso irónico no ha sido muy abundante, y esto podríamos ponerlo en relación con la identificación entre experiencia y modernidad que realiza Langbaun; todavía el modernismo o las vanguardias hispánicas están apelando continuamente a la sacralización esencialista del lenguaje poético, y aun ayer mismo Octavio Paz, a pesar de historiar con una lucidez envidiable la importancia de la ironía para el discurso literario moderno, defendía la necesidad de recuperar el sentimiento analógico y sagrado del Mundo y de la Poesía, con mayúsculas. No obstante, Borges, Cernuda, Gil de Biedma y algunos otros nombres ilustres pertenecientes a otras tradiciones –Eliot, Auden, Spender, Larkin, etc.–, han sido referencias lo suficientemente sólidas como para constituir una tradición a la que estos jóvenes poetas actuales se han adherido. Tradición de la que también participan poetas chilenos como Gonzalo Rojas, Alfonso Alcalde, los poetas líricos como Teillier y Barquero, una parte de Enrique Lihn, Raúl Zurita y otros poetas más actuales como Heddy Navarro, Malú Urriola, Francisco Véjar, Víctor Hugo Díaz, Gladys González y Pablo Paredes entre otros.

Basta con leer las introducciones a las recientes antologías de la poesía catalana o la poesía gallega contemporáneas, así como algunos otros textos colectivos o individuales, declaraciones de los poetas o entrevistas, para colegir que la poesía de la "normalización", la llamada "poesía de la experiencia", ha sido en los últimos años una "realidad plurilingüe". Señalando como antecedentes inmediatos a Gabriel Ferrater y Juan Vinyoli, Antonio Jiménez Millán en el prólogo a su *Poesía catalana contemporánea,* traza la génesis de lo que llama "un profundo replanteamiento de la función de la poesía que tiene en cuenta los aspectos contractivos de la escritura y busca su legitimación teórica en Eliot, Auden, Ferrater o Gil de Biedma, antes que en los manifiestos y textos vanguardistas". Citando declaraciones de algunos de los poetas antologados (Margarit: "La pretensión de innovaciones constantes es fruto, la mayoría de las veces, de la falta de imaginación"; Enric Sória: "Pretendía devolver a las palabras más gastadas por el uso su cualidad de materia poética… Quería también escribir en un catalán no excesivamente alejado del que he escuchado, ni del catalán que hablo, con el que pienso y sueño"; Pere Rovira: "…una lamentable tendencia a la exclusión que ha sido frecuente entre nosotros, es la manía del maestro único, del único modelo, que sólo es, al fin, una muestra de provincianismo") y, por supuesto, invocando sus textos, sobre todo los de Parcerisas, Comadira, Margarit, Rovira, Sória, Jaén, Granell, etc., demuestra cómo esos modos poéticos, sin excluir otras tradiciones, han sido hegemónicos en las últimas décadas del siglo XX (Jiménez Millán 2006: 319 y ss.).

En el caso de Chile, hay una convivencia necesaria, sobre todo por lo que significó la experiencia poética en relación a las representaciones de la represión dictatorial y del exilio chileno en la poesía de la experiencia, al mismo tiempo que se desarrolló una línea más experimental, más ligada a las neovanguardias desde Juan Luis Martínez, Zurita, el grupo CADA con sus acciones de arte y una promoción de poetas mujeres que ampliaron las posibilidades de una escritura ligada al cuerpo/lenguaje. Tampoco hay que olvidar que otras líneas se mantienen y cruzan con éstas desde los setenta en adelante: la poesía lárica y sus continuadores, los poetas que trabajan lo etnocultural en el sur del país, los reciclamientos de la poesía más directamente política y la poesía intimista, así como algunos poetas continuadores del surrealismo vanguardista.

Por su parte, Luciano Rodríguez, en sus trabajos sobre la poesía gallega contemporánea, al intentar caracterizar a las últimas generaciones, presididas también por una "diversidad" enriquecedora, señala toda una serie de rasgos coincidentes con los que identifica a las últimas manifestaciones poéticas en catalán y castellano: "preocupación por los aspectos formales", "diálogo entre tradición y modernidad", "actitud ética", "marca de la temporalidad", "erotismo y reflexibilidad", etc., rasgos que podemos apreciar sobre todo en poetas como Xavier Rodríguez Baxeiras, Ramiro Fonte, Miguel Anxo Fernán-Vello y Eusebio Lorenzo Baleirón (Luciano Rodríguez 1995: 11-30). Ramiro Fonte, quizás el más valioso de todos estos nuevos poetas, ha afirmado muy significativamente lo siguiente:

> El lugar de lo poético parece escoger, en nuestros días, el lugar de la retaguardia. La retaguardia limita, para mí, con lo más perdurable de las vanguardias históricas, con esa simiente de crítica y pasión que podemos leer en el primer manifiesto surrealista, pero se aleja de esa otra muerte o autoliquidación de la vanguardia provocada por su propio triunfo, por su propio éxito como estilo, como ornamento de un proceso de deshumanización y mercantilismo. El lugar de la retaguardia se me vuelve alegoría próxima si confieso escribir en una lengua minoritaria y desde una posición periférica (Muñoz 1994: 114 y 115).

He hablado antes de dos grandes líneas en esta poesía de la experiencia normalizadora, dos grandes líneas que en su confluencia han provocado no pocas confusiones y malentendidos, dando como resultado no sólo un cúmulo de descalificaciones desorbitadas y desinformadas, sino también algunas reacciones de defensa, igualmente injustas e indiscriminadamente excluyentes. La crítica gacetillera, ignorante y malintencionada como es costumbre, no ha sido ajena a este estúpido conflicto, avivando el fuego de la confusión en muchas ocasiones[1]. Lo cierto es, como decía más arriba, que en este proceso de normalización, han confluido dos tendencias más distantes entre sí de lo que puede parecer a simple vista. La una es heredera de lo que podríamos llamar la "moral estética" tradicional. El mundo del arte es autosuficiente y sólo a través de sí mismo se justifica como realidad. Es incluso una realidad más coherente que la "realidad real", pues sus reglas y normas permiten la construcción y la contemplación de un mundo ordenado y perfec-

1. En este sentido me parece ejemplar en cuanto a la desinformación, la mala intención y la soberbia ignorante, el "estudio" (¿?) del *nocillo* Vicente Luis Mora. En Luis Mora, Vicente (2006): *Singularidades. Ética y poética de la literatura española actual*. Madrid: Bartleby.

to en todos sus elementos. El arte, la literatura es tradición, porque se alimenta de sí mismo, de las ramas de un árbol interminable que se remonta al origen de los tiempos. Es verde y pobre, como diría Borges, pero también eterno. La realidad es sólo su pálida imitación; el hombre, una molesta e indirecta referencia. Lo importante no es la experiencia del hombre, al fin y al cabo irrelevante; lo importante es la experiencia del poeta, que sólo puede ser comprendida y apreciada por otros artistas, "de ahí que un poeta se sienta a menudo tan desasistido e inconsolable: no son pocos los días en que piensa en lo más hondo de su alma, que sólo escribe para los muertos…", como dice Andrés Trapiello (Muñoz 1994: 99).

La otra línea parte de la necesidad de normalización a través los procedimientos de la experiencia de la escritura y de la lectura, pero con el convencimiento de que, aunque el divorcio entre la realidad y la construcción ideal del poema sea un hecho insalvable, la poesía es un artefacto socialmente "útil". Esta línea arranca en la llamada "otra sentimentalidad" de la que formó parte en sus comienzos García Montero junto a otros poetas granadinos como Javier Egea, Antonio Jiménez Millán, Ángeles Mora, Inmaculada Mengíbar o Álvaro Salvador, y a la que han estado próximos algunos más como Benjamín Prado, Javier Salvago, Pere Rovira, Jon Juaristi, Ramiro Fonte, Díaz de Castro, etc. Esa utilidad nada tiene que ver con el compromiso o con las antiguas ataduras sociales, que de ningún modo lograron romper el círculo vicioso de las hechicerías y los héroes. Se emparentaría más bien con lo que Jiménez Millán ha llamado un "lugar de descontento", que simultáneamente sería un lugar sin límites, sin más límites que los de la inteligencia. Luis García Montero lo ha planteado también lúcidamente: "La poesía será útil si sabe participar en la elaboración de la respuesta (al fracaso de los contratos sociales tanto al de las democracias occidentales como al de las utopías comunistas) y no simplemente como sermonario o panfleto de ideas sociales, sino como plasmación adecuada de una experiencia estética contemporánea" (García Montero y Muñoz Molina 1993: 34).

Los años ochenta en la poesía chilena: la heterogeneidad de los registros

A partir de los ochenta, como se ha señalado antes, con la aprobación de la Constitución propuesta por Pinochet, se asegura el gobierno de continuidad de la Junta y a través del simulacro político se oficializa la dictadura, cuyo proyecto es realizar un plebiscito sucesorio con un candidato propuesto por ellos en 1988 y, eventualmente, elegir en 1998 un Parlamento y un nuevo presidente. El simulacro fue efectivo en el sentido de legalizar la dictadura transformándola en una dictadura constitucional. La crisis económica del año 1982 fue un factor importante para destruir la idea de la omnipotencia del poder y el fin del "milagro" del proyecto neoliberal que apoyaban. A partir de 1983 la crisis se agudiza y se inicia una etapa de protestas masivas que el simulacro legal instituido por la Constitución vigente no puede detener. Los sindicatos y las confederaciones de trabajadores, amparados por la "legalidad vigente", vencen el miedo y la incertidumbre que la represión de los años anteriores había provocado, y se lanzan a protestar por la situación económica dejada por la crisis. La ampliación del espectro social de las protestas estableció un repliegue momentáneo de las fuerzas represivas que, entre avances y retrocesos, duró hasta el atentado a Augusto Pinochet en 1986, cuando la contraofensiva se dejó sentir con el asesinato de una serie de líderes sindicales y políticos de la oposición. Durante todo este período, el poder dictatorial estableció estrategias de contención, ya sea a través de la ocupación militar de las principales ciudades del país, ya sea a través de la forja de ilusiones de la negociación, la apertura aparente y la simulación. El "estado de sitio" que trajo consigo el atentado a Pinochet y los fracasos militares de los grupos ultraizquierdistas del mismo periodo, produjeron un repliegue generalizado de las fuerzas democráticas, lo que estabilizó el proyecto transformista de Pinochet. A partir de entonces, se desarrolla la instalación del régimen legalizado por la Constitución de 1980, en donde se planteaba la continuidad a través del plebiscito de 1988, que debía ganar Pinochet, y en teoría aseguraba la continuidad del régimen, pero que finalmente pierde. Sin embargo, "las leyes de amarre" que dejó el dictador, entre las que estaba el sistema de elección binominal, mantuvieron durante mucho tiempo al país bajo una "democracia protegida".

En este contexto, al repliegue generalizado de la poesía escrita en el interior del país, sucede el despliegue de un sinnúmero de publicaciones y antologías que se entroncan con la continuidad de ciertas revistas (es el caso de *La Bicicleta*, que se mantiene hasta 1987, y de otras como *La Castaña*, *La Gota Pura*, *Envés* y *Postdata*), con la ampliación de los talleres literarios que antes se hacían de manera un tanto clandestina, el trabajo de la Unión de Escritores Jóvenes, las lecturas poéticas y otras intervenciones culturales amparadas por la complicidad solidaria de la Iglesia Católica, además de los encuentros literarios que se producen en diversos países del mundo y también en Chile.

Tres fenómenos nuevos marcan este período de crisis social y apertura cultural. El primero, que tiene que ver fundamentalmente con los nuevos escenarios políticos, es una cierta masificación de la cultura que tiene como eje las ediciones de revistas, los encuentros locales e internacionales, el uso restringido de ciertos medios de comunicación como el periódico y la radio, los cruces de poetas que salen de Chile a estudiar, trabajar o realizar giras por diferentes países y el retorno, aunque limitado, de escritores que regresan, en forma parcial o definitiva. Estos hechos aumentan la producción, la edición, la distribución y el intercambio de los productos literarios, ampliando su difusión y articulándolos a los espacios de libertad creados por la coyuntura histórica. Dentro de estos cruces, las representaciones de la neovanguardia que se produce al interior del país y que fue detallada en el capítulo II, son esporádicas y aparecen replegadas a grupos del interior, asimilados con desconfianza por los grupos de poetas que permanecen en el exilio. La mayor difusión la tienen los poetas más directamente militantes o aquellos que adquirieron algún prestigio en el campo literario durante las décadas anteriores. Por razones obvias, prima la "poesía de la experiencia", ya sea en su versión intimista, ya sea en su diálogo con los distintos contextos o los fantasmas de la dictadura. Las estrategias textuales utilizadas van desde los testimonios reciclados por la metáfora y el símbolo como los de algunos poetas exiliados, por ejemplo Hernán Lavín Cerda, Sergio Macías, Hernán Miranda, Jorge Etcheverry o Carlos Trujillo o el caso de Bruno Serrano, Aristóteles España, José María Memet o Jorge Montealegre en Chile, hasta una lectura del sentido del mundo en donde prima la nostalgia y el deseo de cambiar el orden social por el deseo de vivir cósmicamente (aquí entran muchos poetas que vienen de la tradición lárica de los cincuenta como es el caso de Efraín Barquero, Jorge Teillier, Rolando Cárdenas y más tarde Omar Lara, Jaime Quezada, Raúl Barrientos, Delia Domínguez, con distintas voces y proyectos). Si en el primer caso se trata de ver la historia como una Caída de la construcción objetiva de la Historia, después de lo cual sólo quedan las ruinas de un mundo ideal que hay que restituir u olvidar, en el segundo caso se trata más bien de desconfiar de la ilusión de un orden social, porque el proceso de la modernidad ha desatado apetitos monstruosos y por lo tanto hay que retornar al mundo anterior, a los dioses.

Un segundo rasgo, más específico, tiene que ver con la ampliación de los registros de la literatura escrita por mujeres, que se había iniciado en la década anterior de manera esporádica, pero que ahora se extiende desde la capital hacia las provincias, aunque sigue siendo una corriente fundamentalmente urbana. La profusión de voces y las diferencias de registro marcan por primera vez en la historia de la literatura chilena moderna, una matriz de tradición y permanencia que representa una verdadera genealogía, especialmente en el ámbito de la poesía. No se trata como en períodos anteriores, de una producción deudora de las corrientes dominantes, sino de modulaciones específicas, que culminan hacia fines del siglo XX en un catastro impresionante de textos. Éstos van desde la actitud contestataria de Heddy Navarro, con sus críticas al orden machista y una búsqueda del propio ser que se afianza en el ámbito familiar y el descubrimiento de la subordinación para expresar la contradicción que representa el sentir, el pensar y el actuar en *Palabra de mujer* (1984), *Óvulos* (1986), *Oda al macho* y *Poemas insurrectos* (1988); a la doble crítica de Eugenia Brito desde sus textos teóricos en que interroga a la institución del poder militar masculino, y desde sus poemas en que despliega una sujeto carente y fragmentada que habla desde su precariedad para volver a resignificarse en *Vía pública* (1984) y *Filiaciones* (1986). Por otra parte, están los ritos de la apariencia en Marina Arrate, que sugieren una situación de exilio que busca instalar una historia personal y colectiva distinta en *Este lujo de ser* (1986) o *Máscara negra* (1990); mientras en Carmen Berenguer afloran los sucesos del período marcados por la represión doble de la devaluación política y de género en *Bobby Sands desfallece en el muro* (1983), *Huellas de siglo* (1986) y *A media asta* (1988) y en Soledad Fariña, se establece una propuesta política y cultural que bucea en el habla latinoamericana para construir significaciones de identidad a través de la creación del libro, de su parto que invoca la geografía americana femenina en *El primer libro* (1985) y *Albricia* (1988). En otro tono, Carla Grandi elabora su *Contraproyecto* (1985) para permanecer desde un sujeto en crisis que analiza las distintas gramáticas por las que el ser humano atraviesa desde su autofundación urbana, desde donde se elabora el contraproyecto femenino rodeado de miedos, ausencias, encierros y castigos que son la prehistoria del deseo. En Verónica Zondek (*Entrecielo y Entrelínea* 1984 y *La sombra tras el muro* 1985) aflora una visión trágica y agónica, que lentamente irá estableciendo sus propias coordenadas en función de ciertos símbolos ancestrales que reconstruyen los huecos carnales de un sujeto en formación. Paz Molina (*Memorias de un pájaro asustado* 1982), Teresa Calderón (*Causas perdidas* 1984) y Alejandra Basualto (*El agua que me cerca* 1983) se mantienen más cerca de la tradición literaria anterior, pero escriben siempre desde la mirada crítica de un sujeto femenino que construye y reconstruye identidades nuevas con su lenguaje. Una de las poetas más interesantes del período, Elvira Hernández, seudónimo de María Teresa Adriasola, publica en forma artesanal su libro *La bandera de Chile* en 1982, que fue incautado por la DINA, órgano de la represión dictatorial, y posteriormente *¡Arre!Halley¡Arre!* en 1986, *Meditaciones físicas para un hombre que fue* en 1987 y *Carta de viaje* en 1989. Lo que hay en su obra *Carta de viaje* es la necesidad de cartografiar un recorrido que es también una travesía por la memoria y un desplazamiento entre el lugar del origen y el lugar del arribo. Construido a partir de dos grandes fragmentos, el poema marca los borramientos de la identidad escindida de la sujeto, que vaga por un territorio que disuelve las fronteras físicas y psíquicas y que muestran la vaciedad de la realidad:

> Vengo del País de los Vertederos Eternos, del Aerosol Templado, de los Montes de Piedad haciendo nata. Flora y fauna Travesti largándose por el larguero de tierra sableada. Despeñados por la Montaña Rusa nuestros sesos lloran Edén y Landia, Cielo y Tierra.
>
> Y ¡Heme aquí en el lobby del Viejo Mundo!

Atrás quedaron los Piececitos Azules en la Feria Persa y
Coreana...
He traspasado la Puerta de San José y trepo
la Tribuna Numerada de los nichos
1.564.381
Se ha iniciado la cuenta regresiva a la velocidad de
la luz.
(el sol como un Ícaro se precipita al mar)

La procesión va por fuera y a ojos vista.
Las lágrimas brillan como cápsulas de cianuro.
Las cabezas caen cortadas al rape (1987: 11-14).

Mientras, por otro lado, en el libro-poema *La bandera de Chile*, se escribe la degradación de un símbolo tramitado excesivamente como artículo de uso y abuso, de cambio e intercambio. El cuerpo-mujer es desarticulado y desprendido de cualquier filiación materna y paterna. La sujeto se apropia del emblema-mujer-patria, desplazando el dominio que recae sobre esta imagen dictatorial-emblemática a partir de un cuerpo que comienza a reescribirse, denunciando la ausencia de la mujer en el pensamiento oficial:

nadie ha dicho una palabra sobre la Bandera de Chile
en el porte   en la tela
en todo su desierto cuadrilongo
no la han nombrado
la Bandera de Chile
ausente
....
La Bandera de Chile está tendida entre 2 edificios
se infla su tela como una barriga ulcerada –cae como teta
vieja–
como una carpa de circo

con las piernas al aire tiene una rajita al medio
una chuchita para el aire
un hoyito para las cenizas del General O'Higgins
un ojo para la Avenida General Bulnes...
....
La Bandera de Chile es usada como mordaza
Y por eso seguramente por eso
Nadie dice nada

La Bandera de Chile declara dos puntos
su silencio... (1991: 9-34).

Si hemos citado largamente estos fragmentos de la poeta Elvira Hernández es porque creemos que ella es un ejemplo de esta búsqueda de formas de habla, formas múltiples de escritura como necesidad textual, para reescribir la historia, reescribir la ciudad, romper la sujeción que ubica lo minoritario y lo escindido en las afueras del discurso. Esta escritura pone en crisis las simbolizaciones de la historia, de la tradición poética de la cual la sujeto se reconoce hija bastarda, sin padre y a través de su escritura, niega constantemente la mutilación de su cuerpo-mujer y la clausura de su expresión.

Si bien, como se ha señalado, no todas las poetas mujeres del período se adhieren a los mismos supuestos y en muchos sentidos algunas siguen ligadas a una poesía primordialmente de la experiencia (i. e. Heddy Navarro, Teresa Calderón), que releva la crítica social y el reconocimiento de un mundo represor, hay que considerar que una buena parte de ellas se instala como parte de una resistencia a la tradición, o por lo menos a una única tradición. Aunque toda poesía parte de la "experiencia", en estos casos surge una escritura que polemiza sobre los registros ya trazados, con el fin de constituir más que "nuevos lenguajes", "otros lenguajes". Se establece una "comunidad estética" y también un contra-canon (Kemy

Oyarzún 1990). Pero no hay un sentido de filiación grupal. Se trata de proyectos que buscan modificar los códigos artísticos culturales vigentes más desde una perspectiva de resignificación que de reivindicación. Es lo que ocurre con la mayoría de las poetas citadas anteriormente. Es un retorno a la vanguardia, una neovanguardia con un intento fundante, que pone en crisis los supuestos y las leyes fundacionales de la sociedad, tanto en su concreción como en su simbología. Aunque no es la única forma de la neovanguardia, es probablemente la más destacada, por la ampliación que hace de los registros anteriores. Se diferencian de la vanguardia histórica en que no son voces proféticas, son poéticas del desecho que intervienen sobre capas devaluadas de sentido y de valor, llevando la parodia hasta el pastiche: la monstruosa, la deformada, el mimo del terror, la petipelá, la quiltra, la mendiga, la gata, etc. Se multiplican las figuras del vacío y reproducen pulsiones contra las operaciones identitarias, con un movimiento de enmascaramiento textual y social, frente al poder híbrido, patibulario y vigilante, su tecnología de control y su carga de dispositivos de docilización. Esta línea pasa a ser una de las más productivas en el nuevo escenario de los años ochenta en adelante.

Un tercer rasgo del período está dado por la presencia marcada de poetas que provienen del sur del país, viven en la zona y rearticulan un polo cultural en varias ciudades, como es el caso de Concepción, Valdivia, Osorno, Puerto Montt, Castro y Ancud. Retoman lo mejor de la poesía lárica y etnocultural de los sesenta y utilizan la interacción entre culturas para rehacer la crónica, el testimonio, la memoria y el uso de formas coloquiales y metafóricas con una hibridez renovadora. Estos poetas manejan un amplio abanico de propuestas que dialogan con los procesos modernizadores de la conquista, la colonización, la idea de frontera, el arrasamiento de las culturas originarias, el mestizaje, la representación de la otredad y otros temas y símbolos que se rearticulan en función del proceso de la represión dictatorial, doblemente devastadora. Entre los más destacados representantes de esta amplia tendencia, podemos citar en primer lugar a Juan Pablo Riveros, que nació en Punta Arenas y vivió en Concepción (*Nimia, Poemas en prosa* 1980; *De tierra sin fuegos* 1986), y que aborda la problemática de las diversas culturas aborígenes del Chile austral, haciendo una elegía por ellas y realizando una especie de palimpsesto de la historia de la represión y persecución sufrida en nuestro país por la dictadura militar (Triviños 1989). Cito un breve fragmento de "Despedida":

> Estoy alegre. No tenemos motivo para separarnos
> de esta tierra con tristeza: No es ona
> la tristeza.
> Llegará el día en que muera el penúltimo
> Selknan. Y nadie pronuncie nuestra
> lengua o sepa de Quenós,
> de Cuanyip o Taiyin. Y ya nadie
> hable con Temáuquel.
>
> Sépanlo: me he atenido a la más
> estricta verdad
> (Galindo y Miralles 1992: 17).

Otro poeta de esta tendencia es Sergio Mansilla, poeta de Chiloé, quien publica *Noche de agua* en 1986, libro en el cual se vincula lo mítico y lo histórico, lo personal y lo colectivo, provocando un lirismo de gran emotividad. En el poema "Remen, remen, boteros, contra el viento", se escribe:

> En medio de la niebla
> oímos
> el murmurar de las playas ahora empobrecidas,
> saqueadas, cerradas con alambres de púas
> por Transnacionales.

Remen, remen, boteros,
contra el viento.
Un faro de luz roja
indica el camino que no tiene principio ni fin.
En medio de la niebla
oímos
la quebrazón del aire que reclama a gritos
nuevos puntos cardinales.
Remen, remen, boteros,
para que no se termine la eternidad (ibíd.: 155).

Rosabetty Muñoz es una poeta, también chilota, que vive en Ancud y cuyos primeros libros de poemas fueron *Canto de una oveja del rebaño* (1981) y *En lugar de morir* (1987). A partir de una alegoría del orden social inmoral se presenta en el primer libro una dicotomía entre el lobo y la oveja para categorizar los actos humanos, mientras que en el segundo se explora la precariedad de la existencia personal y colectiva a partir de una religiosidad primordial. En el corto poema titulado "Butachauques" podemos apreciar su radical ambigüedad: "En el sueño/ mi hijo se cruza con carapintadas/ que allanan poblaciones./ Reconozco sus arcos y flechas infantiles/ y lloro encogida/ mirando el blando cuerpo/ lloverse, recibir el embate del odio/ tan desprotegido de mí" (ibíd.: 175). Pertenecen también a esta tendencia poetas como Mario Contreras Vega, Jorge Torres Ulloa, Carlos Alberto Trujillo, Clemente Riedemann, Tomás Harris, Alexis Figueroa y David Miralles, entre otros.

Habría que considerar que, a partir de fines de los ochenta, se desarrolla una línea paralela de poetas ligados a las comunidades mapuche del sur del país. El primero de ellos es Elicura Chihuailaf, quien publica *El invierno y su imagen* y *En el país de la memoria* en 1988 y *El invierno, su imagen y otros poemas azules* en 1991. Se trata de un tipo de literatura diferente, que utiliza una transición entre la oralidad y la escritura, que trabaja con una doble codificación usando el carácter bilingüe, a veces directamente con ambas lenguas o traduciendo de una a la otra y que debe entenderse también como un acto de resistencia cultural y de afirmación de la identidad. Desde ese momento, esta línea se ha enriquecido con una veintena de poetas, hombres y mujeres, entre los cuales cabe mencionar a Leonel Lienlaf, Jaime Luis Huenún, Maribel Mora, Adriana Pinda, Bernardo Colipán, Paulo Huirimilla y Roxana Miranda. Poesía compleja y diversa, en la cual se explora el carácter ritual de una poesía ligada a otros actos vitales del ser humano y que apunta a criticar la noción misma de la otredad y la diferencia. Escriben mayoritariamente en castellano, aunque algunos utilizan el mapudungun. Trabajan la doble codificación, el *collage* lingüístico, la tradición de la oralidad y representan un componente central en la compleja cultura del país. De algún modo, se ligan de una forma oblicua a lo que se ha tendido en este trabajo en llamar la "poesía de la experiencia", ya que la memoria y la tradición son centrales en la vinculación que estos poetas tienen con el mundo. Como ejemplo un fragmento de un poema en castellano de Chihuailaf, "Los poderes del agua me llevan":

> Viejo estoy y desde un árbol en flor
> oteo el horizonte
> ¿Cuántos aires anduve?, no lo sé
> Desde el otro lado del mar
> El sol que se entra me envía ya sus mensajeras
> Y a encontrarme iré con mis abuelos
> Azul es el lugar donde vamos
> Los poderes del agua me llevan paso a paso
> Wenu Leufv es apenas un pequeño círculo en el universo
> (1991: 51).

Una línea importante, como se ha señalado antes, es la tendencia neovanguardista que tuvo su centro en la Escena de Avanzada, una empresa que partió en 1982 con la *performance* de Raúl Zurita titulada *15 poemas en el aire de New York*, consistente en producir poemas de *La vida nueva* con el humo blanco que dejaba la cola de un avión. El gesto cuestionó el soporte, ampliando la noción de página en el cielo e instalándose frente a una retaguardia más política y coyuntural. Reunió entre otros a los artistas plásticos Carlos Leppe, Carlos Altamirano, Eugenio Dittborn y Ronald Kay, y al Colectivo de Acciones de Arte (CADA), formado por la escritora Diamela Eltit, los artistas visuales Lotty Rosenfeld y Juan Castillo, el sociólogo Fernando Balcells y la crítica Nelly Richards. En lo poético, Raúl Zurita resume su postura en un trabajo de 1983 en que raya la cancha acerca de la tradición y la ruptura. Zurita plantea que los poetas de la llamada neovanguardia, a la cual pertenece, han establecido un corte radical con la tradición, a la que simplifica en cuatro corrientes: la antipoesía parriana, la poesía de los lares cuyos representantes serían fundamentalmente Jorge Teillier y los poetas de *Arúspice* y *Trilce*, la poesía epigramática ligada al poeta nicaragüense Ernesto Cardenal y la de influencia nerudiana, que incluiría al resto de los poetas. En el exilio, las líneas fundamentales corresponderían a alguna de estas cuatro corrientes escriturales. Dentro del país, existirían dos grandes núcleos, a juicio de Zurita, que serían la poesía constituida por este nuevo grupo y la tradición literaria anterior. Los artífices más relevantes de esta nueva corriente serían Juan Luis Martínez, Diego Maquieira, Juan Cameron, Carlos Cociña, Antonio Gil, Paulo Jolly, Eugenia Brito, Gonzalo Muñoz, Nicolás Miquea y el propio Zurita. Los puntos centrales de referencia de esta neovanguardia serían, en síntesis: 1.) la instalación de mundos cerrados que se refieren a sus propias proposiciones poemáticas, con un lenguaje particular; 2.) la inexistencia de la imagen como fuente de relación o identificación con el receptor o la estructura de un sujeto caído en el mundo; 3.) el mundo que se representa está separado de la realidad inmediata, requiere de una hermenéutica del lector porque el texto tiene una capacidad elusiva para eludir la represión de la dictadura; 4.) estos poetas se plantean la necesidad de inventar un lenguaje que recupere la realidad lingüística ganada por el sistema represivo. Un ejemplo de esto es el poema-libro *La Tirana* (1983) de Diego Maquieira, en donde se perciben múltiples sujetos que adoptan voces masculinas, femeninas, travestis, históricas, míticas, actuales y pasadas, etc. Lo mismo ocurre con la multiplicidad de voces y formas de *Purgatorio* (1978) y *Anteparaíso* (1982) de Zurita, en donde el delirio mesiánico convive con la degradación absoluta del mundo. Por cierto que la postura de Zurita resulta insuficiente para explicar la riqueza polifacética de la poesía anterior y de las otras corrientes no vanguardistas del período. Esta línea neovanguardista aunque es muy productiva, corre el riesgo de hacer de la poesía una metaficción que haga perder al sujeto no sólo su individualidad, sino también la articulación con la historia y el colectivo que la sustenta.

Para terminar, un escorzo final sobre la poesía chilena de los últimos años. Desde la década de los noventa hasta nuestros días, el panorama se hace más complejo, debido a los cambios de la transición democrática y la amplitud de los registros poéticos, que no sólo se expande por el retorno de los poetas exiliados, la aparición de nuevas revistas, las ediciones de poetas de diferentes generaciones que coinciden en el tiempo y establecen lecturas transversales, sino también por la expansión geográfica hacia el norte y el sur del país, los encuentros nacionales e internacionales y la aparición de nuevos actores poéticos y editoriales. La diversidad de voces que fluctúan entre la tradición, la reescritura, la clausura y la ruptura, hace imposible detallar la cantidad de obras de vasto registro estético que se publican durante este período. Este escenario paralelo a la transición democrática se reaviva con la influencia que ejerce la obra de Pablo Neruda, más como icono cultural que como traspaso estético; las relecturas de Vicente Huidobro, Gabriela Mistral y Pablo de Rokha, además de la sacralización de la poesía de Gonzalo Rojas, Nicanor Parra, Enrique Lihn y Jorge Teillier, las voces más importantes de los cincuenta. Al mismo tiempo, se consolidan otros discursos menos permanentes en la tradición poética como es el caso de Miguel Arteche, Armando Uribe o Efraín Barquero, aunque también irrumpen como manifestaciones editoriales otros poetas del mismo periodo, como Delia Domínguez, David Rosenmann Taub y los poetas de los sesenta. Numerosas antologías, algunas de ellas simples registros de autores, publicaciones comerciales y artesanales, autoediciones, entrevistas, instalaciones en Internet, sitios webs, revistas con apoyo institucional y también de carácter electrónico, lecturas públicas, talleres, giras nacionales e internacionales establecen un campo poético en movimiento, a veces demasiado ligado al espectáculo y la exposición mediática, que valida las nuevas escrituras poéticas.

Varios críticos de diferentes generaciones han intentado desarrollar algunas claves para "leer" la poesía posgolpe, entre ellos Óscar Galindo, Iván Carrasco, Tomás Harris, Jorge Montealegre, Grínor Rojo, Jaime Lizama, Francisco Véjar, Luis Ernesto Cárcamo, Javier Bello y Patricia Espinosa. Para terminar estas líneas finales, nos focalizamos en la propuesta de esta última.

Patricia Espinosa (2006) ha señalado que desde fines de los ochenta, al menos tres promociones poéticas han surgido en el país con diferentes visiones y con enfrentamientos hacia la tradición poética, aunque sin dejar de integrarla. Los poetas que se inician en el primer momento, alrededor de 1987, retoman la experiencia de lo cotidiano, la preocupación por el mundo urbano, la narratividad y el coloquialismo, todo ello marcado por el desencanto y una fuerte crítica al proceso de la modernidad. Podrían entrar en una nueva categoría de la poesía de la experiencia, de acuerdo con la visión posvanguardista de la poesía española. Entre sus nombres cabe mencionar a Víctor Hugo Díaz, Sergio Parra, Guillermo Valenzuela, Malú Urriola, Jesús Sepúlveda o Nadia Prado, entre otros. Muchos de estos poetas aún se encuentran en proceso de instalar sus obras. Por ejemplo Malú Urriola: "La malú –me dijo– oye, urriola/ evita el cigarro/ quedarte sola en el techo fumando/ es para volverse loca.../ Esquiva niñitas jugando al luche/ tu cuartucho solitario/ esquiva gatos, ventanas/ y sobre todo los techos/ los techos sobre todo" (1988: 5). O Jesús Sepúlveda, instalando la experiencia de la cotidianidad: "Los días pasan tan ordinarios como siempre/ mientras yo sigo sentado en un café/ esperando que llegue algún poema/ Cada noche me hago más viejo/ y este equilibrio tan americano/ pronto podría volverme loco/ Tal vez he extraviado la llave/ por donde entran mis poemas/ Nada que exorcizar. Ningún exceso.../ Anoche el viento amenazó este poblado/ y yo no he recibido encomienda alguna/ desde el sur del mundo" (Gutiérrez 2009: 97).

Alrededor de 1994 surge una nueva promoción de autores que agudizan la conciencia de la soledad y se plantean de nuevo una perspectiva intelectualista, acoplándose a la intertextualidad, la mezcla de culturas, la preocupación por la forma y la reflexión en torno al hacer poético. Entre ellos cabe citar a Javier Bello, Armando Roa, Alejandro Zambra, Leonardo Sanhueza, Germán Carrasco, Kurt Folch, Andrés Andwanter y Verónica Jiménez. Muchos de ellos se vincularán a las universidades, a la creación de revistas y la conformación de editoriales en las cuales se autopublican y editan a su propia generación. Citamos un texto de Armando Roa Vial: "El averiado corazón del poema:/ tu temor y temblor./ Las palabras, palpitando desechos,/ han ido reabriendo todas las heridas./ El poeta, dices, es un 'malabarista de la muerte'./ Por eso calla y aguarda./ Ahora que el amor ha dejado de amenazarte" ("De la palabra en la palabra II" (2001: 30). Otro fragmento de Javier Bello donde la reflexión se hace trascendencia y visión del mundo: "Lo cierto es que los dioses no debieron dejarse ver,/ su sombra muerde en el umbral de los ojos mortales, / una mano delgada apenas se posa sobre la madreselva,/ medio rostro asoma quemado por el aliento de la vegetación,/ un ojo encinta de luz, una luz decaída y musgosa/ lame el cuerpo con suave piel de yedra/ que apenas roza la lengua en el dintel..." ("La jaula de los espejos" 1998: 55).

Hacia el año 2000 empieza a perfilarse una nueva promoción de trama heterogénea, con una amplia gama de registros, que privilegia el desencanto, aunque no de manera violenta sino más bien con mucha ironía y cierto cinismo. Hay ausencia de metarrelatos y se desmenuza la pequeña tragedia de lo cotidiano, se devuelve a la experiencia, pero ahora se trata de una experiencia de barrio, marginal de puro movimiento y acontecimiento. Se desmitifica de nuevo la figura del poeta y el rol que cumple la poesía. Entre sus autores, se puede mencionar a Felipe Ruiz, Gladys González, Paula Ilabaca, Gustavo Barrera, Pablo Paredes, Héctor Hernández o Gregorio Alayón. Hay un evidente cruce de lo poético con lo narrativo y en general se trata de una poesía situada en la microcomedia, donde la alteridad parece hablar desde ella misma. Para hacerse oír en el exiguo mercado chileno han creado sus propias editoriales como "Tácitas", "Del Temple", "La Calabaza del Diablo", "Al Margen", "Contrabando del bando en contra", y se multiplican a través del uso de Internet. Como ejemplo de esta poesía citamos un texto de Pablo Paredes: "El pelo suelto/ es soltarse las trenzas,/ perderle el miedo a los piojos,/ quererlos./ Salir a la calle/ y acarrear a la horda de sus corbatas, / romper las cosas/como si se rompiera un corazón" (Paredes s. a.: 33).

Sin embargo, habría que agregar el hecho de que, durante estos últimos veinte años, existe una cantidad relevante de poetas que no entra en ninguna de estas tendencias o líneas estéticas, como es el caso de una renovación de la poesía que se escribe en el sur del país con nuevas temáticas y reescrituras estéticas ligadas al paisaje y su metaforización humana (Cristián Formoso, Yanko González), a los símbolos ancestrales y el cruce de culturas (Mario García, Paulo Huirimilla) o la poesía ligada a las etnias originarias, especialmente la mapuche (Jaime Huenún, Adriana Pinda, César Cabello, Roxana Miranda o Ivonne Coñuecar), por nombrar algunas áreas que se difuminan en la racionalidad de los cortes taxativos.

Final: reflexiones al cierre

Creemos que esta comparación resulta fructífera en la medida que las diferencias contextuales y estéticas entre ambos países marcan asimismo la representación de aquellas similitudes que por motivos de época, lengua, cultura, contexto histórico general, a lo que se agrega el intercambio de campos simbólicos a nivel global, se producen con desfases o jerarquizaciones distintas, pero igualmente necesarias. En este sentido, los cambios y las transformaciones en ambos campos culturales, sin ser homologables, resultan paradigmáticos dentro de un esquema más general de las literaturas de ambos países durante el siglo XX. Vanguardia, neovanguardia, culturalismo, poesía de la experiencia, experimentalismo, estética de la continuidad o de la ruptura son elementos que se repiten en el desarrollo de las expresiones poéticas que, desde comienzos del proceso literario del siglo XX con sus periodizaciones modernas, ha sido parte de las expresiones de ambos países. Si bien las líneas de trabajo poético son disímiles y abarcan una amplia gama de procesos estéticos, estrategias textuales y proyectos escriturales, se mueven en ambos países entre el reciclamiento de las vanguardias con su énfasis en la experimentación lingüística y las resignificaciones de las fracturas de la comunicación frente a una modernidad cada vez más agonizante y distanciada de las utopías humanas, o un retorno oblicuo o directo a las experiencias de un sujeto que bucea en su interior para intentar expresar con su memoria, sus sentimientos o su razón, la fragmentación que su realidad le muestra dentro de un proceso histórico cada vez más dificultoso e inalcanzable.

BIBLIOGRAFÍA BÁSICA

Bibliografía

General

Auden, W. H. (1974): *La mano del Teñidor*. Barcelona: Barral Editores.

Bourdieu, Pierre (1992): *Las reglas del arte*. Barcelona: Anagrama.

Jameson, Frederick (1991): *El posmodernismo o la lógica cultural del capitalismo avanzado*. Barcelona: Paidós.

Langbaun, Robert (1977): *The Poetry of Experience. London:* Chatto & Windus. [Edición en español: *La poesía de la experiencia*. Traducción de Julio Jiménez Hefferman. Granada: Comares, 1996.]

Lyotard, Jean-Francois (1987): *La condición postmoderna*. Madrid: Cátedra.

Wilson, Edmond (1969): *El castillo de Axel*. Madrid: Cupsa.

Sobre Chile

Alonso, María Nieves/Rodríguez, Mario (1995): *La ilusión de la diferencia. La poesía de Enrique Lihn y Jaime Gil de Biedma*. Santiago de Chile: La Noria.

ALONSO, María Nieves/MESTRE, Juan Carlos/RODRÍGUEZ, Mario/TRIVIÑOS, Gilberto (1989): *Las plumas del colibrí. Quince años de poesía en Concepción (1973-1988)*. Santiago de Chile: CESOC.

BARQUERO, Efraín (2000): *Antología*. Santiago de Chile: Lom.

— (2004): *El poema en el poema. Antología*. Santiago de Chile: Lom.

BENNET, Daisy/FERNÁNDEZ, Ariel (1979): *Poetas chilenos de hoy. Tomo I*. Santiago de Chile: Tamarugal.

BRITO, Eugenia (1990): *Campos minados*. Santiago de Chile: Cuarto Propio.

— (1998): *Antología de poesía femenina del siglo XX*. Santiago de Chile: Dolmen.

CAMPOS, Javier (1990): "Arte alternativo y dictadura". En *Cuadernos Hispanoamericanos*, 482-483, agosto-septiembre, pp. 55-70.

— (1998): "Lírica chilena de fin de siglo y (post)modernidad neoliberal en América Latina". En: *Postdata*, 1-2, primer y segundo semestre, pp. 78-91.

CÁNOVAS, Rodrigo/LIHN, Enrique/ZURITA, Raúl/GRUPO ICTUS/RADRIGÁN, Juan (1986): *Literatura chilena y experiencia autoritaria*. Santiago de Chile: Flacso.

CÁRDENAS, Rolando (2001): *Obra completa*. Punta Arenas: Ilustre Municipalidad de Punta Arenas.

— (1959): *Tránsito breve*. Santiago de Chile: Editorial Universitaria.

CARRASCO, Iván (1989): "Poesía chilena de la última década (1977-1987)". En: *Revista Chilena de Literatura*, 33, abril, pp. 31-46.

— (1990): *Nicanor Parra: la escritura antipoética*. Santiago de Chile: Editorial Universitaria.

— (2007): *Nicanor Parra. Documentos y ensayos antipoéticos*. Santiago de Chile: Universidad de Santiago de Chile.

CHIHUAILAF, Elicura (1996): *El invierno su imagen y otros poemas azules* Temuco: Ediciones Literatura Alternativa.

ESPINOSA, Patricia (2006): "La poesía chilena en el período 1987-2005". En: *Crítica Hispánica*, XXVIII, 1, pp. 33-65.

GALINDO, Óscar/MIRALLES, David (1992): *Poetas actuales del sur de Chile*. Valdivia: Paginadura.

GIORDANO, Jaime (ed.) (1987): *Poesía y poética de Gonzalo Rojas*. Concepción: Ediciones del Maitén.

GUTIÉRREZ, Julián (ed.) (2009): *Fin de siglo. Nueva poesía chilena de los 80*. Santiago de Chile: Editorial Ventana Abierta.

HARRIS, Tomás (1998): "Desarrollo de la poesía chilena: 1960-1990 (Una introducción)". En: *Postdata*, 1-2, primer y segundo semestre, pp. 92-115.

HARRIS, Tomás/CALDERÓN, Teresa/CALDERÓN, Lila (1996): *Veinticinco años de poesía chilena (1970-1995)*. Santiago de Chile: Fondo de Cultura Económica.

HERNÁNDEZ, Elvira (1989): *Carta de viaje*. Santiago de Chile: Último Reino.

— (1991): *La Bandera de Chile*. Buenos Aires: Libros de Tierra Firme.

HUENÚN, Jaime Luis (2007): *La memoria iluminada. Poesía mapuche contemporánea*. Edición Bilingüe. Málaga: Diputación Provincial de Málaga.

LAGO, Tomás (1939): *Ocho nuevos poetas chilenos*. Santiago de Chile: Cruz del Sur.

— (1942): *Tres poetas chilenos*. Santiago de Chile: Cruz del Sur.

LARA, Omar/EPPLE, Juan Armando (1979): *Chile: poesía de la resistencia y del exilio*. (2ª edición, corregida y aumentada). Barcelona: Ámbito Literario.

LIHN, Enrique (1995): *Porque escribí*. Santiago de Chile: Fondo de Cultura Económica.

LIRA, Rodrigo (1984): *Proyecto de obras completas*. Santiago de Chile: Minga.

MACÍAS, Sergio (1990): "Una breve aproximación a 16 años de poesía chilena 1973-1989". En: *Cuadernos Hispanoamericanos*, 482-483, agosto-septiembre, pp. 177-196.

MAQUIEIRA, Diego (1983): *La Tirana*. Santiago de Chile: s. e.

MARTÍNEZ, Juan Luis (1985): *La nueva novela*. Santiago de Chile: Ediciones Archivo.

Millán, Gonzalo (1997): *Trece lunas*. Santiago de Chile: Fondo de Cultura Económica.

Montes, Hugo/Rodríguez, Mario (1970): *Nicanor Parra y la poesía de lo cotidiano*. Santiago de Chile: Editorial del Pacífico.

Mora Curriao, Maribel/Moraga García, Fernanda/Caniguán, Jaqueline (2010): *Antología poética de mujeres mapuche (siglos xx-xxi)*. Santiago de Chile: Lom.

Moulián, Tomás (1997): *Chile actual. Anatomía de un mito*. Santiago de Chile: Lom.

Neustadt, Robert (2001): *Cada día: la creación de un arte social*. Santiago de Chile: Cuarto Propio.

Nómez, Naín (1998): *Poesía chilena contemporánea*. Santiago de Chile: Fondo de Cultura Económica.

— (2004): "La poesía de los cincuenta: aproximaciones a una modernidad en disolución". En: *Taller de Letras* (Revista de la Facultad de Letras de la Pontificia Universidad Católica de Chile), 34, pp. 85-96.

— (2006a): "La poesía de los cincuenta en Chile y España: escorzos y aproximaciones". En: *Mapocho, Revista de Humanidades*, 60, segundo semestre, pp. 391-402.

— (2006b): *Antología crítica de la poesía chilena. Tomo IV. Modernidad, marginalidad y fragmentación urbana* (1953-1973). Santiago de Chile: Lom.

Olea, Raquel (1998): *Lengua víbora. Producciones de lo femenino en la escritura de mujeres chilenas*. Santiago de Chile: Cuarto Propio.

Oyarzún, Kemy (ed.) (2002): *Identidad y sujetos. Para una discusión latinoamericana*. Santiago de Chile: Universidad de Chile.

Paredes, Pablo (s. a.): *Frío en la Noche Latina*. Lima: Contrabando del Bando en Contra.

Parra, Nicanor (2001): *Páginas en blanco*. Salamanca: Universidad de Salamanca.

— (2002): *Ciclo homenaje en torno a la figura y obra de Nicanor Parra*. Santiago de Chile: Ministerio de Educación.

Pérez, Floridor (1985): *Cartas de prisionero*. Concepción: Cuadernos Lar.

ROA VIAL, Armando (2001): *El apocalipsis de las palabras*. Santiago de Chile: Ediciones Be-ve-drais.

ROJAS, Gonzalo (2001): *Poesía esencial*. (Prólogo de Eugenio Montejo.) Santiago de Chile: Andrés Bello.

SALVADOR, Álvaro (1975): *La poesía de Nicanor Parra. El proyecto ideológico y el inconsciente*. Sevilla: Universidad de Sevilla.

— (1992): "La antipoesía entre el neovanguardismo y la postmodernidad". En: *Revista Iberoamericana*, 159, abril-junio, pp. 611-622.

SEFAMÍ, Jacobo (1992): *El espejo trizado*. México: Universidad Nacional Autónoma de México.

SILVA ACEVEDO, Manuel (1998): *Suma alzada*. Santiago de Chile: Fondo de Cultura Económica.

VALDÉS, Hernán (2006): *Tejas verdes*. Santiago de Chile: Lom.

VV. AA. (1975): *Revista Manuscritos*. Santiago de Chile, 1.

VV. AA. (1977-1990): *Revista Literatura chilena en el exilio*. California.

VV. AA. (1978 en adelante): *Revista Araucaria de Chile*. Madrid.

VV. AA. (1990 en adelante): *Literatura chilena (creación y crítica)*.

URIBE, Armando (2000): *A peor vida*. Santiago de Chile: Lom.

WILLSON, Ricardo (ed.) (1977): *Poesía para el camino*. Santiago de Chile: Editorial Nueva Universidad.

YAMAL, Ricardo (1988): *La poesía chilena actual (1960-1984) y su crítica*. Concepción: Lar.

ZURITA, Raúl (1979): *Purgatorio*. Santiago de Chile: Editorial Universitaria.

— (1983): *Literatura, lenguaje y sociedad: 1973-1983*. Santiago de Chile: CENECA.

España

BENEGAS, Noni/MUNÁRRIZ, Jesús (1997): *Ellas tienen la palabra*. Madrid: Hiperión.

BOUSOÑO, Carlos (1966): *Teoría de la expresión poética* (4ª ed. muy aumentada). Madrid: Gredos.

BUENAVENTURA, Ramón (1985): *Las diosas blancas. Antología de la joven poesía española escrita por mujeres*. Madrid: Hiperión.

CANO, José Luis (1963): *Antología de la nueva poesía española*. Madrid: Gredos.

CANO BALLESTA, Juan (2007): *Nuevas voces y viejas escuelas en la poesía española (1970-2005)*. Granada: Atrio.

CARNERO, Guillermo (1979): *Ensayo de una teoría de la visión (Poesía 1966-1977)* (Prólogo de Carlos Bousoño.) Madrid: Hiperión.

CASTELLET, José María (1961): *La poesía de José Agustín Goytisolo*. Madrid/Palma de Mallorca: Papeles de San Armadans.

— (1970): *Nueve novísimos poetas españoles*. Barcelona: Barral.

DÍAZ DE CASTRO, Francisco (2002): *Vidas pensadas. Poetas en el fin de siglo*. Sevilla: Renacimiento.

— (2003): *La otra sentimentalidad*. Sevilla: Fundación Lara.

DIEGO, Fernando de *et al.* (1991): *Antología de la poesía española contemporánea*. Ottawa: Legas.

EGEA, Javier/GARCÍA MONTERO, Luis/SALVADOR, Álvaro (1983): *La otra sentimentalidad*. Granada: Editorial Don Quijote.

GARCÍA JAMBRINA, Luis M. (2000): *La promoción poética de los cincuenta*. Madrid: Espasa Calpe.

GARCÍA MARTÍN, José Luis (1980): *Las voces y los ecos*. Madrid: Júcar.

— (1997): *Treinta años de poesía española*. Sevilla/Granada: Renacimiento/La Veleta.

GARCÍA MONTERO, Luis (1993): *Confesiones poéticas*. Granada: Maillot Amarillo.

— (2006): *Poesía (1982-2005)*. Barcelona: Tusquets.

GARCÍA MORAL, Concepción/PEREDA, Rosa María (1979): *Joven poesía española*. Madrid: Cátedra.

GARCÍA POSADA, Miguel (1979): *40 años de poesía española*. Madrid: Editorial Cincel.

— (1996): *La poesía nueva*. Barcelona: Crítica.

GIL DE BIEDMA, Jaime (1982): *Las personas del verbo*. Barcelona: Editorial Seix Barral.

— (1994) "*El pie de la letra*". *En Obras Completas*. Barcelona: Galaxia Gutemberg, pp. 485-820.

GONZÁLEZ, Ángel (1980): *Poemas*. Madrid: Ediciones Cátedra.

— (1982): *Antología poética*. Madrid: Alianza.

Grande, Félix (1970): *Apuntes de poesía de posguerra*. Madrid:Taurus.

— (2011): *Blanco Spirituals*. En: *Biografía (1958-2010)*. Barcelona: Galaxia Gutenberg. [Ed. original La Habana: Casa de las Américas, 1967.]

Jiménez Millán, A. (2006): *Poesía hispánica peninsular (1980-2005)*. Sevilla: Renacimiento.

Lanz, Juan José (2000): *Introducción al estudio de la generación poética española de 1968*. Bilbao: Universidad del País Vasco.

— (2007): *La poesía durante la transición y la generación de la democracia*. Madrid: Devenir.

Mangini González, Shirley (1977): *Jaime Gil de Biedma*. Madrid: Júcar.

Martín Pardo, Enrique (1970): *Nueva poesía española*. Madrid: Scorpio.

Muñoz, Luis (ed.) (1994): *El lugar de la poesía*. Granada: Maillot Amarillo.

Prieto, Antonio (1971): *Espejo del amor y de la muerte*. Madrid: Bezoar.

Ramos Ortega, M. J. (ed.) (2005): *Revistas españolas del siglo xx*, 3 *vols*. Madrid: Ollero y Ramos.

Rodríguez, Juan Carlos (1999): *Dichos y escritos*. Madrid: Hiperión.

Rodríguez, Luciano (1995): *Los caminos de la voz. Seis poetas gallegos de hoy*, Granada: Maillot Amarillo.

Rovira, Pere (1986): *La poesía de Jaime Gil de Biedma*. Barcelona: Ediciones del Mall.

Rubio, Fanny/Falcó, José Luis (1989): *Poesía española contemporánea: historia y antología*. Madrid: Alhambra/Longman.

Salvador, Álvaro (2002): *Letra pequeña*. Granada: Cuadernos del Vigía.

— (2003): *Las rosas artificiales*. Sevilla: Fundación Genesian.

Valente, José Ángel (1981): *Noventa y nueve poemas*. Madrid: Alianza.

Villena, Luis Antonio (1986): *Postnovísimos*. Madrid: Visor.

VV. AA. (1971): *Equipo Claraboya.Teoría y poemas*. Barcelona: El Bardo.

VV. AA. (1978): *La degeneración del 70*. Córdoba: Antorcha de Paja.

V.V. AA. (1987): *1917 versos*. Madrid: Vanguardia Obrera.

VV. AA. (1994): *Revista Scriptura*, 10. Lleida.

VV. AA. (1994): *La prueba del nueve*. Madrid: Cátedra.

VV.AA. (1996): *Revista La Página*, 25-26, Santa Cruz de Tenerife.

VV. AA. (2003): *Revista Litoral*. Número dedicado a Ángel González, Málaga.

Sobre los autores

ÁLVARO SALVADOR nació en Granada en 1950, ciudad en la que actualmente trabaja como catedrático de Literatura Hispanoamericana. Ha publicado nueve libros de poemas, entre los que destacan *Las cortezas del fruto* (Madrid, 1980), *Tristia* (con Luis García Montero; Melilla, 1982), *El agua de noviembre* (Granada, 1985), *La condición del personaje* (Granada, 1991), *El Impostor* (Palma de Mallorca, 1996), *Ahora, todavía* (Sevilla, 2001) y el volumen antológico *Suena una música* (Valencia, 1996). Su poesía ha sido incluida en numerosas antologías y traducida a varios idiomas.

Formó parte del consejo de redacción de revistas como *Tragaluz*, *Letras del Sur*, *Olvidos de Granada* y *La Fábrica del Sur*. Su obra de teatro *Don Fernando de Córdoba y Válor, Abén Humeya* fue galardonada en 1980 con el premio Ciudad de Granada y en 1981 con el Hermanos Machado de Sevilla. En 1983 estrenó en Granada el espectáculo *Paraíso Cerrado*, basado en la vida y obra del poeta Luis Cernuda y en 1996 obtuvo el premio internacional de teatro Castellón a Escena por su obra *El día en que mataron a Lennon*, estrenada al año siguiente.

Ha publicado también varios libros de crítica literaria, como *Para una lectura de Nicanor Parra* (Sevilla, 1975), *Rubén Darío y la moral estética* (Granada, 1986), *Introducción al estudio de la literatura hispanoamericana* (con Juan Carlos Rodríguez; Madrid, 1987 y 19942) y distintas ediciones de la obra de Rubén Darío o de poesía española e hispanoamericana contemporánea, así como numerosos artículos en revistas especializadas nacionales e internacionales. También es autor de una *Guía literaria de la ciudad de Granada* publicada en 1997 y del libro *Granada 1900*, editado el mismo año. Su primera novela es *Un hombre suave* (Madrid, 2000).

En el 2002 le fue concedido el Premio Casa de las Américas de Ensayo por su trabajo *El impuro amor de las ciudades*.

NAÍN NÓMEZ (Talca, 1944) es profesor de Filosofía en la Universidad de Chile, *master of arts* de la Carleton University y Ph. D. en la University of Toronto (Canadá). Ha sido profesor en la Universidad de Chile, en la Universidad Técnica del Estado, en la Queen's University (Canadá), la California State University en Long Beach (Estados Unidos), la University of California, Irvine (Estados Unidos) y la Université de Poitiers (Francia). Actualmente, es profesor titular y académico de excelencia en la Universidad de Santiago de Chile. Ha participado en el consejo editorial de diversas revistas, como *Orfeo*, *Laru Studies*, *Nomadías*, *Rocinante*, *El Espíritu del Valle*, *Revista de Literatura Chilena* y otras. Entre sus publicaciones poéticas se cuentan: *Historias del reino vigilado/Stories of a Guarded Kingdom* (edición bilingüe; Ottawa, 1981), *Written for a Meeting Place/Escrito para un lugar de reunión* (con Sebastián Nómez; Toronto, 1983), *Países como puentes levadizos* (Santiago de Chile, 1986), *Burning Bridges* (Dunvegan, 1987), *El fuego va borrando* (Santiago de Chile, 1989), *Movimiento de las salamandras* (Santiago de Chile, 1999) y *Ejercicios poéticos para (desde, alrededor de) la cocina* (Santiago de Chile, 1999).

Entre su obra crítica destaca: *Pablo de Rokha. Una escritura en movimiento* (Santiago de Chile, 1988), *Pablo de Rokha. El amigo piedra. Autobiografía* (Santiago de Chile, 1990), *Pablo de Rokha. Historia, utopía y producción literaria* (Ottawa, 1991), *Pablo de Rokha y Pablo Neruda. La escritura total* (con Manuel Jofré; Santiago de Chile, 1992), *Poesía chilena contemporánea. Breve antología crítica* (Santiago de Chile, 1992 y 19982), *Antología crítica de la poesía chilena* (Santiago de Chile, vol. I 1996, vol. II

2000, vol. III 2002, vol. IV 2006), *Poetas del Maule. Antología poética para el Bicentenario* (con Matías Rafide y Marcela Albornoz; Talca, 2007) y *La Mandrágora. Surrealismo chileno: Talca, Santiago, París* (Talca, 2008). Ha publicado también varias antologías de poetas chilenos y más de cincuenta artículos de su especialidad.

Ha sido finalista del Premio Casa de las Américas 1987, Premio de Poesía Universidad de Alberta 1985, Premio de Poesía Consejo Nacional del Libro y la Lectura 2000, y ha recibido varias becas del Consejo de las Artes del Canadá y del Fondo Nacional del Libro y la Lectura.